U0933735

股东的涉税法律风险分析与实践应用

李雪萍　著

华龄出版社

责任编辑：程　扬
责任印制：李未圻

图书在版编目（CIP）数据

股东的涉税法律风险分析与实践应用 / 李雪萍著
. -- 北京 : 华龄出版社 , 2021.7
ISBN 978-7-5169-2018-3

Ⅰ . ①股… Ⅱ . ①李… Ⅲ . ①股份有限公司 - 股东 - 税收管理 - 税法 - 研究 - 中国 Ⅳ . ① D922.222.4

中国版本图书馆 CIP 数据核字 (2021) 第 129395 号

书　　名：股东的涉税法律风险分析与实践应用
作　　者：李雪萍　著

出版发行：华龄出版社
地　　址：北京市东城区安定门外大街甲57号　邮　　编：100011
电　　话：010-58122255　传　　真：010-84049572
网　　址：http://www.hualingpress.com

印　　刷：武汉市籍缘印刷厂
版　　次：2021年7月第1版　2021年7月第1次印刷
开　　本：880mm × 1230mm 1/32　印　　张：7.25
字　　数：132千字
定　　价：69.00 元

前 言

本书以投资人也就是股东，在公司发展的各个阶段：投资、经营、撤资转让股权、转增资本、注销清算等各阶段的涉税事项，分析在公司的各种经济行为下，股东相关的税收法律风险，并举以案例。内容主要分为：自然人股东、法人单位股东、隐名股东与显名股东的税收法律风险分析、其他与股东相关的内容等四个专题进行论述。在各专题内，援引法律法规、规范性文件及政策解读，运用案例深入分析股东的涉税问题可能产生的行政、刑事、民事法律风险。以此给投资的企业家们，尤其是民营企业家提供一些合理化建议，并规避一些不必要的税务法律风险。

最高人民检察院检察长张军 2019 年 12 月 3 日在参加最高人民检察院开放日活动时表示，最高检高度重视平等，保护民营企业合法权益，明确提出对涉嫌犯罪的民营企业负责人能不捕的不捕，能不诉的不诉，能判缓刑的就提出判缓刑的建议。《中共中央 国务院关于营造更好发展环境支持民营企业改革发展的意见》于 2019 年 12 月 22 日出台。这些都说明国家正在营造法治化、制度化的稳定发展环境，并做出了一系列安排部署，为进一步激发民营企业活力和创造力、促进民营经济发展注入强劲推动力，并逐步引导企业合法有序地竞争。

十八大以来，中央全面依法治国，整个社会的法律意识明显增强，进而影响社会的方方面面。在这个大背景下，企业也需依法而治。

本书为投资者了解涉税相关法律法规、税款计算方式方法、投资方式的选择提供一点借鉴之法。书中基本列明了涉及股东税务风险的各种法律、法规、规范性文件，并以税务案例及真实司法判例辅以说明。希望本书能帮助企业依法依规经营，为投资者、相关财务人员顺利开展工作提供一点帮助。

目 录

第一章 基本知识概述

一、几个基本概念

1. 股东

股东是指向公司出资、持有公司股份，享有股东权利和承担股东义务的人。凡是基于对公司的投资或者基于其他合法的原因而持有公司资本的一定份额并享有股东权利的主体均是公司的股东。

股东亦称为出资人、投资人。但出资人、投资人的概念更为宽泛，是一个通俗的叫法，例如向合伙企业出资也可称为出资人，但合伙企业法中称为合伙人而不称为股东，股东是公司法中对出资人的特别称谓。即合伙企业中的出资人实质称谓是“合伙人”；公司法人的出资人实质称谓是“股东”。

股东的类型，按主体身份来分，可分为机构股东和个人股东。机构股东指享有股东权的法人和其他组织。机构股东包括各类公司、各类非营利法人和其他机构组织。个人股东是指一般的自然人股东。按公司的性质可分为有限责任公司的股东和股份有限公司的股东。按股东是不是实际出资人可分为隐名股东和显名股东。

以出资的实际情况与登记记载是否一致，我们把公司股东分为隐名股东和显名股东。隐名股东是指虽然实际出资认缴、认购公司出资额或股份，但在公司章程、股东名册和工商登记等材料中却记载为他人的投资者，隐名股东又称为隐名投资人、实际出资人。

本书中，笔者将按股东主体身份，分自然人股东、法人单位股东两个专题，对股东的涉税风险与实践中的应用进行论述。

2. 公司

公司是依法设立，以营利为目的，独立承担民事责任的从事生产或服务性业务的经济实体。分为有限责任公司和股份有限公司。

公司是法人单位，有独立的法人财产，享有法人财产权。我国公司以其全部财产为限对公司的债务承担责任。有限责任公司的股东以其认缴的出资额为限对公司承担责任；股份有限公司的股东以其认购的股份为限对公司承担责任。

与公司有密切关联的一个概念是“企业”。企业，为经济学名词，企业一般是指以盈利为目的，运用各种生产要素（土地、劳动力、资本、技术和企业家才能等），向市场提供商品或服务，实行自主经营、自负盈亏、独立核算的法人或其他社会经济组织。企业的组织类型包括公司、独资企业、合伙企业。

即企业的概念范围大于公司，公司是“法人”，即法律上拟制的人，而企业的范围包括法人单位与非法人单位。本书中所提及的公司皆指具有法人资格的企业，与企业所得税法中的“企业”范围重合。

《中华人民共和国企业所得税法》第一条就规定：在中华人民共和国境内，企业和其他取得收入的组织（以下统称企业）为企业所得税的纳税人，依照本法的规定缴纳企业所得税。个人独资企业、合伙企业不适用本法。

公司从事经营活动，必须遵守法律、行政法规，遵守社会公德、商业道德，诚实守信，接受政府和社会公众的监督，承担社会责任。

公司的合法权益受法律保护，不受侵犯。

3. 涉税法律风险

法律风险是指由于外部环境或由于包括自身存在的各种经营事项未按照法律规定或合同约定行使权利、履行义务，而造成负面后果的可能性。涉税法律风险即因税务部门的征管方式、企业自身的财税管理模式、税务管理水平等内外部环境综合引发的税收风险的可能性。

企业税务风险主要包括两方面：一方面是企业的纳税行为违反税收法律法规的规定，应纳税而未纳税、少纳税，从而面临补税、罚款、加收滞纳金，以及声誉损害等风险；甚至有可能触犯了刑法，需受刑法处罚；另一方面是企业经营行为适用税法不准确，没有用足有关优惠政策，多缴纳了税款，承担了不必要的税收负担。从后果承担的角度来说，违反法律法规所带来的风险更大，最需要规避。

对于公司股东来说，涉税法律风险不仅指补缴税款、滞纳金、罚款的风险，还有可能因为税收问题而承担民事风险、行政风险、刑事风险。

央企、国企及由国企百分百持股的关联公司，其最终控制股东是国家，其董事会成员由政府委派，代表国家行使股东权。这些受政府委派行使股东权的人、民营企业中的自然人股东、民营企业中法人单位股东委派的董事会成员，作为公司的大股东、法定代表人、直接负责的主管人员和其他直接责任人员，还可能承担更多的法律责任。

根据我国《刑法》相关规定，针对部分单位犯罪，除对单位进行处罚外，还可能追究“直接负责的主管人员和其他直接责任人”的刑事责任。直接负责的主管人员是在单位实施的犯罪中起决定、批准、授意、纵容、指挥等作用的人员，一般是单位的主管负责人，包括法定代表人；其他直接责任人员是指在单位犯罪中具体实施犯罪并起较大作用的人员，既可以是单位的经营管理人员，也可以是单位的职工，包括聘任、雇用的人员。但对于受单位领导指派或者奉命参与实施了一定犯罪行为的人员，一般不宜作为直接责任人员追究刑事责任。故司法实践中，法定代表人或者董监高级管理人员承担单位犯罪刑事责任的可能性较大。在民营企业中，自然人股东或法人单位股东委派的人员不是法定代表人就是董事、监事、高级管理人员。

故大股东作为公司的法定代表、直接负责的主管人员，在开展投资经营活动时可能面临多种法律风险，包括民事法律风险、行政法律风险和刑事法律风险。其中刑事法律风险可能导致的后果最为严重，受到的处罚更为严厉。特别是近几年，税务刑事案件频发，涉税的不少自然人股东（投资人）和高级管理人员因忽视税收法规、刑事法律的相关规定而身陷囹圄。

二、经营周期中需关注的股东信息

1. 出资时是否有股东协议或发起人协议；增资减资时是否有股东大会决议；

2. 公司章程、验资报告、股东名册中股东的相关信息；

3. 股东的主体资格是否适当；（如一个自然人同时持有两家一人有限责任公司 100% 的股权则不适当，违反了法律的强制性规定。）

4. 是否存在股权代持的情况与说明；

5. 注册资本变更、增资、减资是否有董事会决议；

6. 股东以非货币资产出资时，是否有评估报告；是否按税法规定履行了纳税义务。

以下简单罗列一下经营周期中需关注的股东相关涉税信息。

公司法第二十七条第二款规定：对作为出资的非货币财产应当评估作价，核实财产，不得高估或者低估作价。法律、行政法规对评估作价有规定的，从其规定。

7. 出资的形式是否符合有关法律规定。

公司法第二十七条第一款规定：股东可以用货币出资，也可以用实物、知识产权、土地使用权等可以用货币估价并可以依法转让的非货币财产作价出资；但是，法律、行政法规规定不得作为出资的财产除外。

8. 股东以非货币资产出资的，非货币资产是否已向公司交付；需变更登记的房产土地、车辆、船舶等是否过户到公司名下；

9. 股东以非货币资产出资的，是否按规定缴纳了“财产转让”环节的企业所得税、个人所得税、增值税、土地增值税、印花税等税款；

10. 是否涉嫌虚假出资及抽逃出资；（如一人有限责任公司，最低出资额要求 10 万元）

公司法第三十条规定：有限责任公司成立后，发现作为设立公司出资的非货币财产的实际价额显著低于公司章程所定价额的，应当由交付该出资的股东补足其差额；公司设立时的其他股东承担连带责任。

第一百九十九条规定：公司的发起人、股东虚假出资，未交付或者未按期交付作为出资的货币或者非货币财产的，由公司登记机关责令改正，处以虚假出资金额百分之五以上百分之十五以下的罚款。

11. 以资本公积、盈余公积、未分配利润转增资本的，股东是否按规定履行纳税义务；

12. 以盈余公积转增资本的，剩余盈余公积是否符合留存比例；

公司法第一百六十八条规定：公司的公积金用于弥补公司的亏损、扩大公司生产经营或者转为增加公司资本。但是，资本公积金不得用于弥补公司的亏损。法定公积金转为资本时，所留存的该项公积金不得少于转增前公司注册资本的百分之二十五。

13. 自然人股东取得的股息、红利是否由公司代扣代缴了个人所得税；

14. 股东关于出资资金来源的说明；

15. 是否在提取公积金前分配了利润；

公司法第一百六十六条规定：股东会、股东大会或者董事会违反前款规定，在公司弥补亏损和提取法定公积金之前向股东分配利润的，股东必须将违反规定分配的利润退还公司。

16. 个人股东能否说明其巨额出资的资金来源；

17. 股东是否存在以划转土地、职务作品出资的情况；

18. 增资中其他股东是否放弃了优先权。

19. 注册资本变更后，公司是否及时去公司登记机关变更登记，并修改了股东名册；

公司法第一百七十九条第二款规定：公司增加或者减少注册资本，应当依法向公司登记机关办理变更登记。

20. 股东是否为公司另设立账簿，私立小金库；

公司法第一百七十一条规定：公司除法定的会计账簿外，不得另立会计账簿。对公司资产，不得以任何个人名义开立账户存储。

21. 在注销清算环节是否按规定向债权人进行了公告；

22. 在注销清算环节是否根据清算所得缴纳了企业所得税、补缴了以前欠缴的税款；

23. 在注销清算后，取得了剩余财产，自然人股东是否按股息、红利所得、财产转让所得缴纳了个人所得税；法人股东是否就财产转让所得缴纳了企业所得税；

24. 自成立始至注销清算止，实际控制人是否有逃税、虚开发票、逃避追缴欠税、非法购买增值税专用发票等行为。

第二章 涉税法律风险概述

股东经营公司可以通过各种途径，可以自己经营，也可聘请职业经理人，不管怎样股东都是实际控制人，尤其是大股东。我国绝大部分公司的股东是自己经营，有的直接做法定代表人，有的是直接负责人，这在民营企业尤为明显。即股东与经营并未分离，公司的经营基本由股东来完成。因此，股东对于税收方面的法律责任不可回避，责无旁贷。

股东作为实际经营者可能涉及的税收法律问题，分散在各种法律法规的条文之中，如《中华人民共和国刑法》《中华人民共和国税收征收管理法》《中华人民共和国税收征收管理法实施细则》《中华人民共和国公司法》《中华人民共和国企业所得税法》《中华人民共和国企业所得税法实施条例》《中华人民共和国个人所得税法》《中华人民共和国个人所得税法实施条例》、最高人民法院关于适用《中华人民共和国公司法》若干问题的规定（二）（三）、《财政部国家税务总局关于全面推开营业税改征增值税试点的通知》（财税〔2016〕36 号）及其他相关税收规范性文件等。

触犯刑法规定的相关问题需要承担刑事责任；违反税收征收管理法的相关问题需要承担刑事责任或行政责任；违反公司法规定的相关问题需要承担行政责任或民事责任。几种责任承担方式中，以刑事处罚最为严厉。

主要相关法律法规条款内容如下：

一、《中华人民共和国刑法》

第六节　危害税收征管罪

第二百零一条，【逃税罪】纳税人采取欺骗、隐瞒手段进行虚假纳税申报或者不申报，逃避缴纳税款数额较大并且占应纳税额百分之十以上的，处三年以下有期徒刑或者拘役，并处罚金；数额巨大并且占应纳税额百分之三十以上的，处三年以上七年以下有期徒刑，并处罚金。

扣缴义务人采取前款所列手段，不缴或者少缴已扣、已收税款，数额较大的，依照前款的规定处罚。

对多次实施前两款行为，未经处理的，按照累计数额计算。

有第一款行为，经税务机关依法下达追缴通知后，补缴应纳税款，缴纳滞纳金，已受行政处罚的，不予追究刑事责任；但是，五年内因逃避缴纳税款受过刑事处罚或者被税务机关给予二次以上行政处罚的除外。

第二百零二条，【抗税罪】以暴力、威胁方法拒不缴纳税款的，处三年以下有期徒刑或者拘役，并处拒缴税款一倍以上五倍以下罚金；情节严重的，处三年以上七年以下有期徒刑，并处拒缴税款一倍以上五倍以下罚金。

第二百零三条，【逃避追缴欠税罪】纳税人欠缴应纳税款，采取转移或者隐匿财产的手段，致使税务机关无法追缴欠缴的税款，数额在一万元以上不满十万元的，处三年以下有期徒刑或者拘役，并处或者单处欠缴税款一倍以上五倍以下罚金；数额在十万元以上的，处三年以上七年以下有期徒刑，并处欠缴税款一倍以上五倍以下罚金。

第二百零四条，【骗取出口退税罪】【逃税罪】以假报出口或者其他欺骗手段，骗取国家出口退税款，数额较大的，处五年以下有期徒刑或者拘役，并处骗取税款一倍以上五倍以下罚金；数额巨大或者有其他严重情节的，处五年以上十年以下有期徒刑，并处骗取税款一倍以上五倍以下罚金；数额特别巨大或者有其他特别严重情节的，处十年以上有期徒刑或者无期徒刑，并处骗取税款一倍以上五倍以下罚金或者没收财产。

纳税人缴纳税款后，采取前款规定的欺骗方法，骗取所缴纳的税款的，依照本法第二百零一条的规定定罪处罚；骗取税款超过所缴纳的税款部分，依照前款的规定处罚。

第二百零五条，【虚开增值税专用发票、用于骗取出口退税、抵扣税款发票罪】虚开增值税专用发票或者虚开用于骗取出口退税、抵扣税款的其他发票的，处三年以下有期徒刑或者拘役，并处二万元以上二十万元以下罚金；虚开的税款数额较大或者有其他严重情节的，处三年以上十年以下有期徒刑，并处五万元以上五十万元以下罚金；虚开的税款数额巨大或者有其他特别严重情节的，处十年以上有期徒刑或者无期徒刑，并处五万元以上五十万元以下罚金或者没收财产。

单位犯本条规定之罪的，对单位判处罚金，并对其直接负责的主管人员和其他直接责任人员，处三年以下有期徒刑或者拘役；虚开的税款数额较大或者有其他严重情节的，处三年以上十年以下有期徒刑；虚开的税款数额巨大或者有其他特别严重情节的，处十年以上有期徒刑或者无期徒刑。

虚开增值税专用发票或者虚开用于骗取出口退税、抵扣税款的其他发票，是指有为他人虚开、为自己虚开、让他人为自己虚开、介绍他人虚开行为之一的。

第二百零五条之一，【虚开发票罪】虚开本法第二百零五条规定以外的其他发票，情节严重的，处二年以下有期徒刑、拘役或者管制，并处罚金；情节特别严重的，处二年以上七年以下有期徒刑，并处罚金。

单位犯前款罪的，对单位判处罚金，并对其直接负责的主管人员和其他直接责任人员，依照前款的规定处罚。

第二百零六条，【伪造、出售伪造的增值税专用发票罪】

伪造或者出售伪造的增值税专用发票的，处三年以下有期徒刑、拘役或者管制，并处二万元以上二十万元以下罚金；数量较大或者有其他严重情节的，处三年以上十年以下有期徒刑，并处五万元以上五十万元以下罚金；数量巨大或者有其他特别严重情节的，处十年以上有期徒刑或者无期徒刑，并处五万元以上五十万元以下罚金或者没收财产。

单位犯本条规定之罪的，对单位判处罚金，并对其直接负责的主管人员和其他直接责任人员，处三年以下有期徒刑、拘役或者管制；数量较大或者有其他严重情节的，处三年以上十年以下有期徒刑；数量巨大或者有其他特别严重情节的，处十年以上有期徒刑或者无期徒刑。

第二百零七条，【非法出售增值税专用发票罪】非法出售增值税专用发票的，处三年以下有期徒刑、拘役或者管制，并处二万元以上二十万元以下罚金；数量较大的，处三年以上十年以下有期徒刑，并处五万元以上五十万元以下罚金；数量巨大的，处十年以上有期徒刑或者无期徒刑，并处五万元以上五十万元以下罚金或者没收财产。

第二百零八条，【非法购买增值税专用发票、购买伪造的增值税专用发票罪】非法购买增值税专用发票或者购买伪造的增值税专用发票的，处五年以下有期徒刑或者拘役，并处或者单处二万元以上二十万元以下罚金。

【虚开增值税专用发票罪，出售伪造的增值税专用发票罪，非法出售增值税专用发票罪】非法购买增值税专用发票或者购买伪造的增值税专用发票又虚开或者出售的，分别依照本法第二百零五条、第二百零六条、第二百零七条的规定定罪处罚。

第二百一十条之一，【持有伪造的发票罪】明知是伪造的发票而持有，数量较大的，处二年以下有期徒刑、拘役或者管制，并处罚金；数量巨大的，处二年以上七年以下有期徒刑，并处罚金。

单位犯前款罪的，对单位判处罚金，并对其直接负责的主管人员和其他直接责任人员，依照前款的规定处罚。

第二百一十一条，【单位犯危害税收征管罪的处罚规定】单位犯本节第二百零一条、第二百零三条、第二百零四条、第二百零七条、第二百零八条、第二百零九条规定之罪的，对单位判处罚金，并对其直接负责的主管人员和其他直接责任人员，依照各该条的规定处罚。

说明：上述刑法所列罪名，如逃税罪、抗税罪、逃避追缴欠税罪、虚开增值税专用发票罪、虚开发票罪、非法购买增值税专用发票、购买伪造的增值税专用发票罪等都是涉税的常见罪名。对有些罪采用了双罚制，就是既对单位判处罚金，又对直接负责的主管人员和其他直接责任人员定罪量刑。不管怎样，直接负责的主管人员和其他直接责任人员都不能置身事外。因此作为公司的法定代表人、主要股东因税收问题而产生的刑事风险很大。

相对好点的消息是刑法上规定了“首违不罚”的原则，即第二百零一条规定经税务机关依法下达追缴通知后，补缴应纳税款，缴纳滞纳金，已受行政处罚的，不予追究刑事责任。

案例：以范冰冰逃税案举例，当时大众舆论对其逃税金额巨大却没有被追究刑事责任表示无法理解。其实，因为刑法第二百零一条有明确规定，可笼统概括为“首违不罚”，此处的“罚”是指刑罚，即首次触犯逃税罪可不对其刑事处罚，但前提是已受了行政处罚。

故范冰冰首次被税务机关按偷税予以行政处罚且此前未因逃避缴纳税款受过刑事处罚，其逃避缴纳的税款、滞纳金、罚款在税务机关下达追缴通知后在规定期限内缴纳了，才依法不予追究其刑事责任的。倘若其未在规定期限补缴税款和滞纳金、没有接受行政处罚，税务机关一定会将案件移送公安机关，那时刑事责任必不可免。

二、《中华人民共和国税收征收管理法》

第三十二条，纳税人未按照规定期限缴纳税款的，扣缴义务人未按照规定期限解缴税款的，税务机关除责令限期缴纳外，从滞纳税款之日起，按日加收滞纳税款万分之五的滞纳金。

第四十四条，欠缴税款的纳税人或者他的法定代表人需要出境的，应当在出境前向税务机关结清应纳税款、滞纳金或者提供担保。未结清税款、滞纳金，又不提供担保的，税务机关可以通知出境管理机关阻止其出境。

第四十九条，欠缴税款数额较大的纳税人在处分其不动产或者大额资产之前，应当向税务机关报告。

第六十三条，纳税人伪造、变造、隐匿、擅自销毁账簿、记账凭证，或者在账簿上多列支出或者不列、少列收入，或者经税务机关通知申报而拒不申报或者进行虚假的纳税申报，不缴或者少缴应纳税款的，是偷税。对纳税人偷税的，由税务机关追缴其不缴或者少缴的税款、滞纳金，并处不缴或者少缴的税款百分之五十以上五倍以下的罚款；构成犯罪的，依法追究刑事责任。

扣缴义务人采取前款所列手段，不缴或者少缴已扣、已收税款，由税务机关追缴其不缴或者少缴的税款、滞纳金，并处不缴或者少缴的税款百分之五十以上五倍以下的罚款；构成犯罪的，依法追究刑事责任。

第六十七条，以暴力、威胁方法拒不缴纳税款的，是抗税，除由税务机关追缴其拒缴的税款、滞纳金外，依法追究刑事责任。情节轻微，未构成犯罪的，由税务机关追缴其拒缴的税款、滞纳金，并处拒缴税款一倍以上五倍以下的罚款。

第六十九条，扣缴义务人应扣未扣、应收而不收税款的，由税务机关向纳税人追缴税款，对扣缴义务人处应扣未扣、应收未收税款百分之五十以上三倍以下的罚款。

第七十三条，纳税人、扣缴义务人的开户银行或者其他金融机构拒绝接受税务机关依法检查纳税人、扣缴义务人存款账户，或者拒绝执行税务机关作出的冻结存款或者扣缴税款的决定，或者在接到税务机关的书面通知后帮助纳税人、扣缴义务人转移存款，造成税款流失的，由税务机关处十万元以上五十万元以下的罚款，对直接负责的主管人员和其他直接责任人员处一千元以上一万元以下的罚款。

说明：罚款、按日加收滞纳金皆是行政处罚。显然，作为公司的大股东或法定代表人、直接管理人，在公司有欠税的情况下，是不能任意出境或者处置重大资产的，其自主行为受到很大限制。在结清税款、滞纳金或者提供担保后才可出境，且处分不动产或大额资产之前，必须向税务机关报告。税务机关除追缴其不缴或者少缴的税款、滞纳金外，还可视情节并处不缴或者少缴的税款百分之五十以上五倍以下的罚款。

案例：仍以范冰冰案举例，从调查核实情况看，范冰冰在电影《大轰炸》剧组拍摄过程中实际取得片酬 3000 万元，其中 1000 万元已经申报纳税，其余 2000 万元以拆分合同方式偷逃个人所得税 618 万元，少缴营业税及附加 112 万元，合计 730 万元。此外，还查出范冰冰及其担任法定代表人的企业少缴税款 2.48 亿元，其中偷逃税款 1.34 亿元。

江苏省税务局依据征管法第三十二条、第五十二条的规定，对范冰冰及其担任法定代表人的企业追缴税款 2.55 亿元，加收滞纳金 0.33 亿元；依据《中华人民共和国税收征管法》第六十三条的规定，对范冰冰采取拆分合同手段隐瞒真实收入偷逃税款处 4 倍罚款计 2.4 亿元，对其利用工作室账户隐匿个人报酬的真实性质偷逃税款处 3 倍罚款计 2.39 亿元；对其担任法定代表人的企业少计收入偷逃税款处 1 倍罚款计 94.6 万元；依据《中华人民共和国税收征管法》第六十九条和《中华人民共和国税收征管法实施细则》第九十三条的规定，对其担任法定代表人的两家企业未代扣代缴个人所得税和非法提供便利协助少缴税款各处 0.5 倍罚款，分别计 0.51 亿元、0.65 亿元。

由上观之，作为股东、法定代表人，除了其作为自然人承担自身税款责任外，因股东权限延伸的管理责任也是相当重的，不可忽视。

三、《中华人民共和国税收征收管理法实施细则》

第八条，税务人员在核定应纳税额、调整税收定额、进行税务检查、实施税务行政处罚、办理税务行政复议时，与纳税人、扣缴义务人或者其法定代表人、直接责任人有下列关系之一的，应当回避：

（一）夫妻关系；

（二）直系血亲关系；

（三）三代以内旁系血亲关系；

（四）近姻亲关系；

（五）可能影响公正执法的其他利害关系。

第五十六条，纳税人与其关联企业未按照独立企业之间的业务往来支付价款、费用的，税务机关自该业务往来发生的纳税年度起 3 年内进行调整；有特殊情况的，可以自该业务往来发生的纳税年度起 10 年内进行调整。

第九十三条，为纳税人、扣缴义务人非法提供银行账户、发票、证明或者其他方便，导致未缴、少缴税款或者骗取国家出口退税款的，税务机关除没收其违法所得外，可以处未缴、少缴或者骗取的税款 1 倍以下的罚款。

说明：上述征管法实施细则规定了回避原则、独立交易原则。在进行税务检查、实施税务行政处罚、办理税务行政复议等事项时，公司股东因在税务机关的近姻亲关系、其他利害关系的影响取得非法利益的情形时有发生。如不遵守回避原则，受到的可能不仅仅是行政处罚了。

在竞争激烈的市场经济条件下，一个股东控制多家公司、多个股东合意控制多家公司的比比皆是，各受控公司之间的业务往来频繁，更有甚者就是为了避税而新设的公司。在这种关联交易下，需遵照税法，最大限度按独立原则进行交易，否则税务机关有权在 3 ～ 10 年内进行调整。届时的滞纳金与罚款可能已是税款的数倍了，企业将难以承受，再想发展便举步维艰，股东的个人责任也不可推卸。

四、《中华人民共和国公司法》

第十六条，公司向其他企业投资或者为他人提供担保，依照公司章程的规定，由董事会或者股东会、股东大会决议；公司章程对投资或者担保的总额及单项投资或者担保的数额有限额规定的，不得超过规定的限额。

公司为公司股东或者实际控制人提供担保的，必须经股东会或者股东大会决议。

第二十条，公司股东应当遵守法律、行政法规和公司章程，依法行使股东权利，不得滥用股东权利损害公司或者其他股东的利益；不得滥用公司法人独立地位和股东有限责任损害公司债权人的利益。

公司股东滥用股东权利给公司或者其他股东造成损失的，应当依法承担赔偿责任。

公司股东滥用公司法人独立地位和股东有限责任，逃避债务，严重损害公司债权人利益的，应当对公司债务承担连带责任。

第二十一条，公司的控股股东、实际控制人、董事、监事、高级管理人员不得利用其关联关系损害公司利益。

违反前款规定，给公司造成损失的，应当承担赔偿责任。

第二十八条，股东应当按期足额缴纳公司章程中规定的各自所认缴的出资额。股东以货币出资的，应当将货币出资足额存入有限责任公司在银行开设的账户；以非货币财产出资的，应当依法办理其财产权的转移手续。

股东不按照前款规定缴纳出资的，除应当向公司足额缴纳外，还应当向已按期足额缴纳出资的股东承担违约责任。

第三十二条，有限责任公司应当置备股东名册，记载下列事项：

（一）股东的姓名或者名称及住所；

（二）股东的出资额；

（三）出资证明书编号。

记载于股东名册的股东，可以依股东名册主张行使股东权利。

公司应当将股东的姓名或者名称向公司登记机关登记；登记事项发生变更的，应当办理变更登记。未经登记或者变更登记的，不得对抗第三人。

第三十四条，股东按照实缴的出资比例分取红利；公司新增资本时，股东有权优先按照实缴的出资比例认缴出资。但是，全体股东约定不按照出资比例分取红利或者不按照出资比例优先认缴出资的除外。

第九十三条，股份有限公司成立后，发起人未按照公司章程的规定缴足出资的，应当补缴；其他发起人承担连带责任。

股份有限公司成立后，发现作为设立公司出资的非货币财产的实际价额显著低于公司章程所定价额的，应当由交付该出资的发起人补足其差额；其他发起人承担连带责任。

第九十四条，股份有限公司的发起人应当承担下列责任：

（一）公司不能成立时，对设立行为所产生的债务和费用负连带责任；

（二）公司不能成立时，对认股人已缴纳的股款，负返还股款并加算银行同期存款利息的连带责任；

（三）在公司设立过程中，由于发起人的过失致使公司利益受到损害的，应当对公司承担赔偿责任。

说明：股东、实际控制人，因违反公司章程，损害公司利益，造成了损失，进而侵犯了其他股东、债权人的利益，需承担民事赔偿责任。

案例：某股份公司总经理（主要股东）王某某以个人身份向甲银行借款100万元，并以公司名义作担保，但该担保未经公司股东会决议。后因李某未按期偿还借款，甲银行持公司盖章担保的借款及担保合同向法院起诉，要求李某偿还借款100万元，公司承担担保责任。法院经审理认为，《公司法》是民事基本法的特别法，其效力性、强制性规定可以作为判决合同效力的法律依据，违反法律强制性规定的合同无效。股东王某某与甲银行签订的担保合同因违反《公司法》第十六条效力性、强制性规定而无效。

五、最高人民法院关于适用《中华人民共和国公司法》若干问题的规定（二）(2020年修正)

第十八条，有限责任公司的股东、股份有限公司的董事和控股股东未在法定期限内成立清算组开始清算，导致公司财产贬值、流失、毁损或者灭失，债权人主张其在造成损失范围内对公司债务承担赔偿责任的，人民法院应依法予以支持。

有限责任公司的股东、股份有限公司的董事和控股股东因怠于履行义务，导致公司主要财产、账册、重要文件等灭失，无法进行清算，债权人主张其对公司债务承担连带清偿责任的，人民法院应依法予以支持。

上述情形系实际控制人原因造成，债权人主张实际控制人对公司债务承担相应民事责任的，人民法院应依法予以支持。

第十九条，有限责任公司的股东、股份有限公司的董事和控股股东，以及公司的实际控制人在公司解散后，恶意处置公司财产给债权人造成损失，或者未经依法清算，以虚假的清算报告骗取公司登记机关办理法人注销登记，债权人主张其对公司债务承担相应赔偿责任的，人民法院应依法予以支持。

第二十条，公司解散应当在依法清算完毕后，申请办理注销登记。公司未经清算即办理注销登记，导致公司无法进行清算，债权人主张有限责任公司的股东、股份有限公司的董事和控股股东，以及公司的实际控制人对公司债务承担清偿责任的，人民法院应依法予以支持。

公司未经依法清算即办理注销登记，股东或者第三人在公司登记机关办理注销登记时承诺对公司债务承担责任，债权人主张其对公司债务承担相应民事责任的，人民法院应依法予以支持。

第二十一条，按照本规定第十八条和第二十条第一款的规定应当承担责任的有限责任公司的股东、股份有限公司的董事和控股股东，以及公司的实际控制人为二人以上的，其中一人或者数人依法承担民事责任后，主张其他人员按照过错大小分担责任的，人民法院应依法予以支持。

第二十二条，公司解散时，股东尚未缴纳的出资均应作为清算财产。股东尚未缴纳的出资，包括到期应缴未缴的出资，以及依照公司法第二十六条和第八十条的规定分期缴纳尚未届满缴纳期限的出资。

公司财产不足以清偿债务时，债权人主张未缴出资股东，以及公司设立时的其他股东或者发起人在未缴出资范围内对公司债务承担连带清偿责任的，人民法院应依法予以支持。

第二十三条，清算组成员从事清算事务时，违反法律、行政法规或者公司章程给公司或者债权人造成损失，公司或者债权人主张其承担赔偿责任的，人民法院应依法予以支持。

有限责任公司的股东、股份有限公司连续一百八十日以上单独或者合计持有公司百分之一以上股份的股东，依据公司法第一百五十一条第三款的规定，以清算组成员有前款所述行为为由向人民法院提起诉讼的，人民法院应予受理。

公司已经清算完毕注销，上述股东参照公司法第一百五十一条第三款的规定，直接以清算组成员为被告、其他股东为第三人向人民法院提起诉讼的，人民法院应予受理。

说明：这个若干问题的规定（二）是对公司法中相关规定进一步明细的解释，规定了具体情况下的处理规则。即股东未做到审慎履职、怠于履行义务、未依法清算、未缴清出资额，损害到债权人利益，人民法院支持债权人要求赔偿的请求。

案例：北京聚鸿基公司诉四川港宏公司股东陈红、陈忠全未经依法清算注销公司引起的清算责任纠纷案

陈红、陈忠全系港宏公司股东。港宏公司为他人向银行借款提供连带保证。相关借款合同和担保书均经公证具有强

制执行力。后借款人、港宏公司均未按期还款，银行向法院申请强制执行，因借款人、港宏公司无财产可供执行，法院裁定中止执行。后聚鸿基公司经多次转让取得该债权。陈红、陈忠全在案涉债权进入强制执行程序之后，对港宏公司进行了清算，该清算并未通知当时已知的债权人，陈红、陈忠全按出资比例对公司剩余净资产111万余元进行了分配，并注销了港宏公司。聚鸿基公司起诉请求陈红、陈忠全向其赔偿因未依法清算导致的债权损失人民币900余万元。

法院经审理认为，聚鸿基公司有权提起本案诉讼，陈红、陈忠全清算港宏公司时未书面通知案涉已知债权人，系未依法清算，导致港宏公司被注销，聚鸿基公司债权无法得到清偿。陈红、陈忠全在未依法清算所得利益111万余元的范围内向聚鸿基公司承担赔偿责任。

股东陈红、陈忠全之所以败诉，在于两点：一是未书面通知债权人即对公司财产进行清算，二是在未清偿债务的情况下，分配了公司财产，直接违反了公司法关于清算程序和清偿顺序的规定。两股东的民事责任范围是：清算给债权人造成的实际损失，即已经分配的111万元加上利息损失。

六、最高人民法院关于适用《中华人民共和国公司法》若干问题的规定（三）(2020年修正)

第七条，出资人以不享有处分权的财产出资，当事人之间对于出资行为效力产生争议的，人民法院可以参照民法典第三百一十一条的规定予以认定。

以贪污、受贿、侵占、挪用等违法犯罪所得的货币出资后取得股权的，对违法犯罪行为予以追究、处罚时，应当采取拍卖或者变卖的方式处置其股权。

第八条，出资人以划拨土地使用权出资，或者以设定权利负担的土地使用权出资，公司、其他股东或者公司债权人主张认定出资人未履行出资义务的，人民法院应当责令当事人在指定的合理期间内办理土地变更手续或者解除权利负担；逾期未办理或者未解除的，人民法院应当认定出资人未依法全面履行出资义务。

第九条，出资人以非货币财产出资，未依法评估作价，公司、其他股东或者公司债权人请求认定出资人未履行出资义务的，人民法院应当委托具有合法资格的评估机构对该财产评估作价。评估确定的价额显著低于公司章程所定价额的，人民法院应当认定出资人未依法全面履行出资义务。

第十条，出资人以房屋、土地使用权或者需要办理权属登记的知识产权等财产出资，已经交付公司使用但未办理权属变更手续，公司、其他股东或者公司债权人主张认定出资人未履行出资义务的，人民法院应当责令当事人在指定的合理期间内办理权属变更手续；在前述期间内办理了权属变更手续的，人民法院应当认定其已经履行了出资义务；出资人主张自其实际交付财产给公司使用时享有相应股东权利的，人民法院应予支持。

出资人以前款规定的财产出资，已经办理权属变更手续但未交付给公司使用，公司或者其他股东主张其向公司交付、并在实际交付之前不享有相应股东权利的，人民法院应予支持。

第十八条，有限责任公司的股东未履行或者未全面履行出资义务即转让股权，受让人对此知道或者应当知道，公司请求该股东履行出资义务、受让人对此承担连带责任的，人民法院应予支持；公司债权人依照本规定第十三条第二款向该股东提起诉讼，同时请求前述受让人对此承担连带责任的，人民法院应予支持。

受让人根据前款规定承担责任后，向该未履行或者未全面履行出资义务的股东追偿的，人民法院应予支持。但是，当事人另有约定的除外。

说明：若干问题的规定（三）是对公司法中相关规定进一步明细的解释，规定了具体情况下的处理规则。即如果股东出资不合法或未全面履行出资义务的，需要承担相应的责任。

七、《中华人民共和国企业所得税法》

第三条，居民企业应当就其来源于中国境内、境外的所得缴纳企业所得税。

第四条，企业所得税的税率为25%。

第六条，企业以货币形式和非货币形式从各种来源取得的收入，为收入总额。包括：

（一）销售货物收入；

（二）提供劳务收入；

（三）转让财产收入；

（四）股息、红利等权益性投资收益；

（五）利息收入；

（六）租金收入；

（七）特许权使用费收入；

（八）接受捐赠收入；

（九）其他收入。

第二十六条，企业的下列收入为免税收入：

（一）国债利息收入；

（二）符合条件的居民企业之间的股息、红利等权益性投资收益；

（三）在中国境内设立机构、场所的非居民企业从居民企业取得与该机构、场所有实际联系的股息、红利等权益性投资收益；

（四）符合条件的非营利组织的收入。

第五十五条，企业在年度中间终止经营活动的，应当自实际经营终止之日起六十日内，向税务机关办理当期企业所得税汇算清缴。

企业应当在办理注销登记前，就其清算所得向税务机关申报并依法缴纳企业所得税。

八、《中华人民共和国企业所得税法实施条例》

第六条，企业所得税法第三条所称所得，包括销售货物所得、提供劳务所得、转让财产所得、股息红利等权益性投资所得、利息所得、租金所得、特许权使用费所得、接受捐赠所得和其他所得。

第七条，企业所得税法第三条所称来源于中国境内、境外的所得，按照以下原则确定：

（一）销售货物所得，按照交易活动发生地确定；

（二）提供劳务所得，按照劳务发生地确定；

（三）转让财产所得，不动产转让所得按照不动产所在地确定，动产转让所得按照转让动产的企业或者机构、场所所在地确定，权益性投资资产转让所得按照被投资企业所在地确定；

（四）股息、红利等权益性投资所得，按照分配所得的企业所在地确定；

（五）利息所得、租金所得、特许权使用费所得，按照负担、支付所得的企业或者机构、场所所在地确定，或者按照负担、支付所得的个人的住所地确定；

（六）其他所得，由国务院财政、税务主管部门确定。

第十一条，企业所得税法第五十五条所称清算所得，是指企业的全部资产可变现价值或者交易价格减除资产净值、清算费用以及相关税费等后的余额。

投资方企业从被清算企业分得的剩余资产，其中相当于从被清算企业累计未分配利润和累计盈余公积中应当分得的部分，应当确认为股息所得；剩余资产减除上述股息所得后的余额，超过或者低于投资成本的部分，应当确认为投资资产转让所得或者损失。

第十六条，企业所得税法第六条第（三）项所称转让财产收入，是指企业转让固定资产、生物资产、无形资产、股权、债权等财产取得的收入。

第十七条，企业所得税法第六条第（四）项所称股息、红利等权益性投资收益，是指企业因权益性投资从被投资方取得的收入。

股息、红利等权益性投资收益，除国务院财政、税务主管部门另有规定外，按照被投资方作出利润分配决定的日期确认收入的实现。

第八十三条，企业所得税法第二十六条第（二）项所称符合条件的居民企业之间的股息、红利等权益性投资收益，是指居民企业直接投资于其他居民企业取得的投资收益。企业所得税法第二十六条第（二）项和第（三）项所称股息、红利等权益性投资收益，不包括连续持有居民企业公开发行并上市流通的股票不足 12 个月取得的投资收益。

九、《中华人民共和国个人所得税法》

第二条，下列各项个人所得，应当缴纳个人所得税：

（一）工资、薪金所得；

（二）劳务报酬所得；

（三）稿酬所得；

（四）特许权使用费所得；

（五）经营所得；

（六）利息、股息、红利所得；

（七）财产租赁所得；

（八）财产转让所得；

（九）偶然所得。

居民个人取得前款第一项至第四项所得（以下称综合所得），按纳税年度合并计算个人所得税；非居民个人取得前款第一项至第四项所得，按月或者按次分项计算个人所得税。纳税人取得前款第五项至第九项所得，依照本法规定分别计算个人所得税。

第三条，个人所得税的税率：

（一）综合所得，适用百分之三至百分之四十五的超额累进税率（税率表附后）；

（二）经营所得，适用百分之五至百分之三十五的超额累进税率（税率表附后）；

（三）利息、股息、红利所得，财产租赁所得，财产转让所得和偶然所得，适用比例税率，税率为百分之二十。

第六条，应纳税所得额的计算：

（一）居民个人的综合所得，以每一纳税年度的收入额减除费用六万元以及专项扣除、专项附加扣除和依法确定的其他扣除后的余额，为应纳税所得额。

（二）非居民个人的工资、薪金所得，以每月收入额减除费用五千元后的余额为应纳税所得额；劳务报酬所得、稿酬所得、特许权使用费所得，以每次收入额为应纳税所得额。

（三）经营所得，以每一纳税年度的收入总额减除成本、费用以及损失后的余额，为应纳税所得额。

（四）财产租赁所得，每次收入不超过四千元的，减除费用八百元；四千元以上的，减除百分之二十的费用，其余额为应纳税所得额。

（五）财产转让所得，以转让财产的收入额减除财产原值和合理费用后的余额，为应纳税所得额。

（六）利息、股息、红利所得和偶然所得，以每次收入额为应纳税所得额。

第九条，个人所得税以所得人为纳税人，以支付所得的单位或者个人为扣缴义务人。

第十二条，纳税人取得经营所得，按年计算个人所得税，由纳税人在月度或者季度终了后十五日内向税务机关报送纳税申报表，并预缴税款；在取得所得的次年三月三十一日前办理汇算清缴。

纳税人取得利息、股息、红利所得，财产租赁所得，财产转让所得和偶然所得，按月或者按次计算个人所得税，有扣缴义务人的，由扣缴义务人按月或者按次代扣代缴税款。

十、《中华人民共和国个人所得税法实施条例》

第六条，个人所得税法规定的各项个人所得的范围：

（六）利息、股息、红利所得，是指个人拥有债权、股权等而取得的利息、股息、红利所得。

（八）财产转让所得，是指个人转让有价证券、股权、合伙企业中的财产份额、不动产、机器设备、车船以及其他财产取得的所得。

第七条，对股票转让所得征收个人所得税的办法，由国务院另行规定，并报全国人民代表大会常务委员会备案。

第十四条，个人所得税法第六条第一款第二项、第四项、第六项所称每次，分别按照下列方法确定：

（三）利息、股息、红利所得，以支付利息、股息、红利时取得的收入为一次。

第十七条，财产转让所得，按照一次转让财产的收入额减除财产原值和合理费用后的余额计算纳税。

十一、财政部国家税务总局通知、国家税务总局公告、多部门联合发文、税总函、复函等规范性文件

与股东涉税相关的规范性文件分布广泛，具体详细，在此不一一列举。将在下面分析具体问题时，根据适用具体列举。

第一专题
自然人股东

第三章 风险分析及实践应用——出资阶段

《中华人民共和国公司法》第二十七条第一款规定，股东可以用货币出资，也可以用实物、知识产权、土地使用权等可以用货币估价并可以依法转让的非货币财产作价出资；但是，法律、行政法规规定不得作为出资的财产除外。

即股东出资方式可以多种多样，不同的出资方式决定了其涉税与否，及涉及什么税种。如以货币出资则无税收问题，如以材料、汽车、土地、房屋、知识产权等有形资产与无形资产出资，则涉及个人所得税、增值税、土地增值税等，印花税、契税不在此讨论。

一、个人所得税

《财政部 国家税务总局关于个人非货币性资产投资有关个人所得税政策的通知》（财税〔2015〕41 号）文件规定，个人以非货币性资产投资，属于个人转让非货币性资产和投资同时发生。对个人转让非货币性资产的所得，应按照“财产转让所得”项目，依法计算缴纳个人所得税。个人以非货币性资产投资，需按评估后的公允价值确认转让收入。以转让收入减除该资产原值及合理税费后的余额为应纳税所得额。自然人股东应当依法办理其财产权的转移手续，如未足额缴纳的，应当向已按期足额缴纳出资的股东承担违约责任。如公司成立后，发现作为设立公司出资的非货币财产的实际价额显著低于公司章程所定价额的，应当由交付该出资的股东补足其差额；公司设立时的其他股东承担连带责任。

出资时，自然人股东有三个法律责任：1. 按公允价格足额出资（非货币性资产需过户给被投资公司并转移占有）；2. 按财产转让所得纳税，可报主管税务机关备案后5年内分期缴纳；3. 对未足额缴纳的进行补足，并对其他未足额缴纳的股东承担连带责任。

1. 案例

甲公司由ABC三位股东投资设立。自然人A将自有的一套办公用房作为出资，该房屋评估作价1,500万元；B股东是法人单位，货币出资1,000万元；C股东以材料出资作价500万元。具体情况如表3-1所示：

表3-1

股东	股东身份	资产原值(万元)	评估出资额(万元)	出资比例	出资方式
A	自然人股东	1，000.00	1，500.00	50%	房屋
B	法人股东	1，000.00	1，000.00	33%	货币
C	自然人股东	450.00	500.00	17%	材料

对于自然人股东 A 来说，房产原值为 1,000 万元，出资后享受的对应权益是 1,500 万元，相当于转让的房产增值 500 万元，故应按照“财产转让所得”申报缴纳个人所得税，税率 20%，应申报缴纳个人所得税款 100 万。符合条件的可分期缴纳。

对于自然人股东 C 来说，其材料在出资过程中也增值了 50 万元，同理应按“财产转让所得”申报缴纳个人所得税。税率 20%，应申报缴纳个人所得税款 10 万。符合条件的可分期缴纳。

2. 可能存在风险

房屋、材料的评估价格是否公允？即各股东出资是否足额？这两项资产的原值依据是否真实可靠？材料是否已转移给公司占有？房屋的财产转移手续是否依法办理？这些都会影响税额的计算与缴纳。

假设股东 C 的材料出资评估价为 500 万元，事后发现其评估行为弄虚作假，真实评估金额应为 350 万元，那么股东 C 就是没有足额出资。对内应向股东 A、股东 B 承担违约责任，并以货币或其他方式补足 150 万元差额，如不能补足的话，股东 A、股东 B 承担连带责任。

又或是股东 A 的房屋的真实原值为 600 万元，伪造成了 1000 万元，以达到少缴税的目的。那此种逃税行为有可能被追缴税款并处以罚款。

3. 应对方案

应对方案如下：

a. 出资时做好非货币资产评估报告，作为出资的价值依据；

b. 做过资产转让手续：将房产、土地、汽车等需登记的资产依法过户给公司；其他非货币性生产资料转移占有；

c. 请会计师事务所做验资报告，虽然现在不强制验资；

d. 督促其他股东足额缴付出资，避免承担连带责任；

e. 取得资产原值的真实可靠依据；

f. 视缴付资产增值情况，按“财税转让所得”申报个人所得税。

二、增值税

自然人股东以非货币性资产出资是否涉及增值税，需按实际情况分析决定。

《中华人民共和国增值税暂行条例实施细则》第四条，单位或者个体工商户的下列行为，视同销售货物：（六）将自产、委托加工或者购进的货物作为投资，提供给其他单位或者个体工商户。

此处的“个体经营者”，有些人解释为包括个人即自然人，所以自然人的实物投资应当缴纳增值税，并据此认为股东就其实物投资部分申报缴纳增值税及其附加税费。这种理解是有偏差的。

关于个人以实物对外投资是否视同销售的关键不在于“个人”与“个体经营者”的区别，而是“个体经营者”的内涵及外延的界定问题。现行法律法规关于“个体经营者”的内涵与外延并没有清楚的界定，这也是大家理解不一的原因所在。根据《中华人民共和国税收征收管理法》第三十七条“对未按照规定办理税务登记的从事生产、经营的纳税人以及临时从事经营的纳税人，由税务机关核定其应纳税额，责令缴纳”之规定，个人虽未办理工商登记及（或）税务登记，却实际从事生产、经营活动的，按其实质认定为“个体经营者”并据以征收相关税款。对个人对外投资是否视同销售征收增值税，不能简单地从形式上判定“个人”与“个体经营者”之间的界限，而应当从实质上看其是否从事生产经营活动，从而判定其是否为“个体经营者”。因为税法管理的原则是实质重于形式。

故若个人从事生产、经营活动，并且以其所经营的货物、物品对外投资的，则应当适用增值税暂行条例的相关规定，视同销售予以征收增值税。当然若个人虽从事生产、经营活动，但未以其所经营的货物、物品对外投资，而是以自己的其他未参与经营的财产对外投资的，则不能视同销售，也不能征收增值税。因此自然人股东以非货币性资产出资是否交纳增值税，要看其是否用其从事经营活动的货物出资。

即一个自然人未从事过经营业务，现用其符合条件的资产出资，不涉及增值税的缴纳；或一个自然人以自己经营中的资产出资，则视其为“个体经营者”，应按视同销售申报缴纳增值税。

三、土地增值税

《中华人民共和国土地增值税暂行条例》（国务院令第138号）第二条：转让国有土地使用权、地上的建筑物及其附着物（以下简称转让房地产）并取得收入的单位和个人，为土地增值税的纳税义务人（以下简称纳税人），应当依照本条例缴纳土地增值税。第五条：纳税人转让房地产所取得的收入，包括货币收入、实物收入和其他收入。

《财政部、税务总局关于继续实施企业改制重组有关土地增值税政策的通知》（财税〔2018〕57号）第四项规定，单位、个人在改制重组时以房地产作价入股进行投资，对其将房地产转移、变更到被投资的企业，暂不征土地增值税。且上述改制重组有关土地增值税政策不适用于房地产转移任意一方为房地产开发企业的情形。

案例：如意高科是一家科技公司，由张甲全额投资，股权占比100%，2019年6月20日，张甲将其公允价2800万元的房屋（原购买价800万元）投资入股吉祥科技公司。张甲是否需要缴纳土地增值税?

根据《财政部、税务总局关于继续实施企业改制重组有关土地增值税政策的通知》（财税〔2018〕57号）的规定，改制重组时以房产投资的，暂不征收。且其投资的是科技公司，非房地产公司。该文件有效期是2018年1月1日至2020年12月31日，故本例中张甲以房屋投资行为暂不征收土地使用税。

如张甲所投资的公司是房地产企业，需按规定缴纳土地增值税。

如投资前，此房产未被张甲用于经营，则也不涉及增值税。张甲仅需就投资行为按“财产转让所得”申报个人所得税。

自然人在出资阶段，不同的出资方式涉及的税种情况，如表3-2所示：

表 3-2

出资形式 涉及税种	个人所得税	增值税及附加	土地增值税
货币资金	不涉及	不涉及	不涉及
材料、商品等	涉及	以所投资之物原来是不是经营资产作为判定标准。如原为自然人经营之资产则涉及增值税；如原为自然人的非经营资产则不涉及增值税	不涉及
房屋、土地	涉及	以所投资之物原来是不是经营资产作为判定标准。如原为自然人经营之资产则涉及增值税；如原为自然人的非经营资产则不涉及增值税	改制重组时，以房地产作价入股，暂不征收土地增值税，如被投资方是房地产企业的不适用
无形资产	涉及	以所投资之物原来是不是经营资产作为判定标准。如原为自然人经营之资产则涉及增值税；如原为自然人非经营资产则不涉及增值税	不涉及

第四章 风险分析及实践应用——股东与公司互相拆借资金时

一、第一种情况 公司无偿借款给自然人股东

（一）个人所得税

《财政部、国家税务总局关于规范个人投资者个人所得税征收管理的通知》（财税〔2003〕158号）第二条“关于个人投资者从其投资的企业（个人独资企业、合伙企业除外）借款长期不还的处理问题”的规定，即纳税年度内个人投资者从其投资企业（个人独资企业、合伙企业除外）借款，在该纳税年度终了后既不归还，又未用于企业生产经营的，其未归还的借款可视为企业对个人投资者的红利分配，依照“利息、股息、红利所得”项目计征个人所得税。

案例：2013年4月至2013年7月，B市地税局稽查局对A房地产公司2010年1月1日至2012年12月31日涉及的地方税费申报缴纳情况实施检查，发现A公司有3位股东于2010年初合计从公司借款870万元，这些借款在年末既未归还，也未用于生产经营。B市地税局稽查局2014年2

月20日做出处理决定，责令A公司补扣缴利息、股息、红利个人所得税税额174万元，并处罚款87万元。A公司认为有关条款中说的“在该纳税年度终了后”并没有明确具体的归还期限，借款人已于2012年5月将借款归还，就不应再视作企业对个人的红利分配，遂向B市政府提起行政复议，但复议申请未得到支持。A公司接着提起行政诉讼，结果一审、二审均败诉。

根据这个案例来看，是不是说只要自然人股东长期未归还借款的，就“应该”或“必须”视为分红呢？如果企业无可供分配的利润，又或者利润小于借款数额的，又或者企业在税务稽查前已经还款的，也不应再按分红征税。应该这么说，对长期不还的借款，是“可以”视为红利分配，而不是“应该”或“必须”视为。

另外，如果已经将长期借款认定为公司借款，并对借款利息征收了增值税，再将这笔借款认定为公司分红，征收个人所得税，显然就相互矛盾了。故不是所有年度内未还的股东欠款都必须缴纳个人所得税。

（二）增值税

《财政部、国家税务总局关于全面推开营业税改征增值税试点的通知》（财税〔2016〕36号）附件1：《营业税改征增值税试点实施办法》第十四条规定，下列情形视同销售服务、无形资产或者不动产：

单位或者个体工商户向其他单位或者个人无偿提供服务，但用于公益事业或者以社会公众为对象的除外。依据上述规定，企业无偿借款给个人，应视同销售，按贷款服务缴纳增值税，同时应缴纳附加税费。

故排除了自然人股东按分红缴纳个人所得税的情况，那么公司应视同销售缴纳增值税，个人股东无增值税问题。

二、第二种情况 自然人股东无偿借款给公司

（一）个人所得税

《个人所得税法》及实施条例没有视同销售的规定，故个人无偿借款给企业不涉及个人所得税。

但修订后的《个人所得税法》及实施条例增加了反避税条款，个人与其关联方之间的业务往来，不符合独立交易原则而减少本人或者其关联方应纳税额，且无正当理由，税务机关有权按照合理方法进行纳税调整，需要补征税款的，应当补征税款，并依法加收利息。

如果自然人股东无偿借款给公司使用，税务机关经过评估，认为无正当理由地减少了本人或者公司的应纳税额的，可能存在被主管税务机关纳税调整，补缴个人所得税的风险。

假设，自然人股东有偿借款给公司，公司正常支付利息。《国家税务总局关于进一步加强高收入者个人所得税征收管

理的通知》（国税发〔2010〕54 号）规定，需加强利息所得征收管理，要通过查阅财务报表相关科目、资产盘查等方式，调查企业向自然人借款及支付利息情况，对其利息所得依法计征个人所得税。

故自然人股东如向公司有偿支付借款，取得的利息收入应按“利息、股息、红利所得”，按 20% 的税率申报缴纳个人所得税。

（二）增值税

《财政部 国家税务总局关于全面推开营业税改征增值税试点的通知》（财税〔2016〕36 号）附件 1：《营业税改征增值税试点实施办法》第十四条规定，下列情形视同销售服务、无形资产或者不动产：单位或者个体工商户向其他单位或者个人无偿提供服务，但用于公益事业或者以社会公众为对象的除外。

上述视同销售的规定中的主体是“单位或者个体工商户”，未包含“个人”。因此，笔者认为个人无偿借款给公司不涉及增值税。

假设，自然人股东有偿借款给公司，是否要缴纳增值税？答案是肯定的，此为提供“贷款服务”应税行为，属于增值税的纳税范围。当然，个人提供贷款服务未达到起征点的，也是可以免征增值税的。增值税的起征点为：按次纳税的，增值税起征点为每次（日）销售额500元以下；按期纳税的，增值税起征点为月销售额10万元（政策可能对此限额做提升）。

在什么情况下按次确认增值税起征点，什么情况下按期确认增值税起征点，实践中执行时，各地不统一。有的认为只有固定经营户或者依法办理税务登记的个体工商户可以享受按期纳税政策，其他个人都只能适用按次纳税的起征点政策。所以在具体执行中，需与当地税务主管部门充分沟通。

第五章 风险分析及实践应用——分配股息红利时

一、相关法律政策规定

《中华人民共和国个人所得税法》

第二条，下列各项个人所得，应当缴纳个人所得税：（六）利息、股息、红利所得；

第三条，个人所得税的税率：（三）利息、股息、红利所得，财产租赁所得，财产转让所得和偶然所得，适用比例税率，税率为百分之二十。

第六条，应纳税所得额的计算：（六）利息、股息、红利所得和偶然所得，以每次收入额为应纳税所得额。

第九条，个人所得税以所得人为纳税人，以支付所得的单位或者个人为扣缴义务人。

第十二条，纳税人取得利息、股息、红利所得，财产租赁所得，财产转让所得和偶然所得，按月或者按次计算个人所得税，有扣缴义务人的，由扣缴义务人按月或者按次代扣代缴税款。

《中华人民共和国个人所得税法实施条例》

第六条，个人所得税法规定的各项个人所得的范围：（六）利息、股息、红利所得，是指个人拥有债权、股权等而取得的利息、股息、红利所得。

第十四条，个人所得税法第六条第一款第二项、第四项、第六项所称每次，分别按照下列方法确定：（三）利息、股息、红利所得，以支付利息、股息、红利时取得的收入为一次。

《财政部 国家税务总局关于规范个人投资者个人所得税征收管理的通知》（财税〔2003〕158 号）

关于个人投资者从其投资的企业（个人独资企业、合伙企业除外）借款长期不还的处理问题

纳税年度内个人投资者从其投资企业（个人独资企业、合伙企业除外）借款，在该纳税年度终了后既不归还，又未用于企业生产经营的，其未归还的借款可视为企业对个人投资者的红利分配，依照“利息、股息、红利所得”项目计征个人所得税。

《国家税务总局关于企业为股东个人购买汽车征收个人所得税的批复》（国税函〔2005〕364 号）第一条：依据《中华人民共和国个人所得税法》以及有关规定，企业购买车辆

并将车辆所有权办到股东个人名下，其实质为企业对股东进行了红利性质的实物分配，应按照“利息、股息、红利所得”项目征收个人所得税。

《财政部 国家税务总局关于企业为个人购买房屋或其他财产征收个人所得税问题的批复》（财税〔2008〕83号）

一、根据《中华人民共和国个人所得税法》和《财政部国家税务总局关于规范个人投资者个人所得税征收管理的通知》（财税〔2003〕158号）的有关规定，符合以下情形的房屋或其他财产，不论所有权人是否将财产无偿或有偿交付企业使用，其实质均为企业对个人进行了实物性质的分配，应依法计征个人所得税。

（一）企业出资购买房屋及其他财产，将所有权登记为投资者个人、投资者家庭成员或企业其他人员的；

（二）企业投资者个人、投资者家庭成员或企业其他人员向企业借款用于购买房屋及其他财产，将所有权登记为投资者、投资者家庭成员或企业其他人员，且借款年度终了后未归还借款的。

《国家税务总局关于简化判定中国居民股东控制外国企业所在国实际税负的通知》（国税函〔2009〕37号）明确：中国居民企业或居民个人能够提供资料证明其控制的外国企

业设立在美国、英国、法国、德国、日本、意大利、加拿大、澳大利亚、印度、南非、新西兰和挪威的，可免于将该外国企业不做分配或者减少分配的利润视同股息分配额，计入中国居民企业的当期所得。

《国家税务总局关于切实加强高收入者个人所得税征管的通知》（国税发〔2011〕50 号）

（二）深化利息、股息、红利所得征管

1. 加强企业分配股息、红利的扣缴税款管理，重点关注以未分配利润、盈余公积和资产评估增值转增注册资本和股本的征管，堵塞征管漏洞。

2. 对投资者本人及其家庭成员从法人企业列支消费支出和借款的，应认真开展日常税源管理和检查，对其相关所得依法征税。涉及金额较大的，应核实其费用凭证的真实性、合法性。

3. 对连续盈利且不分配股息、红利或者核定征收企业所得税的企业，其个人投资者的股息、红利等所得，应实施重点跟踪管理，制定相关征管措施。同时，加强企业注销时个人投资者税收清算管理。

4. 对企业及其他组织向个人借款并支付利息的，应通过核查相关企业所得税前扣除凭证等方式，督导企业或有关组织依法扣缴个人所得税。

《税务总局就切实加强高收入者个人所得税征管答问》（2011 年 4 月 18 日）指出，在股息、红利所得方面，针对连续盈利且不分配股息、红利或者核定征收企业所得税的企业，税务部门将对其个人投资者的股息、红利等所得实施重点跟踪管理。对投资者本人及其家庭成员从法人企业列支消费支出和借款的，积极开展日常税源管理、检查，对其相关所得依法征税。

《财政部 国家税务总局 证监会关于沪港股票市场交易互联互通机制试点有关税收政策的通知》（财税〔2014〕81 号）

（三）对内地个人投资者通过沪港通投资香港联交所上市 H 股取得的股息红利，H 股公司应向中国证券登记结算有限责任公司（以下简称中国结算）提出申请，由中国结算向 H 股公司提供内地个人投资者名册，H 股公司按照 20% 的税率代扣个人所得税。内地个人投资者通过沪港通投资香港联交所上市的非 H 股取得的股息红利，由中国结算按照 20% 的税率代扣个人所得税。个人投资者在国外已缴纳的预提税，可持有效扣税凭证到中国结算的主管税务机关申请税收抵免。

对内地证券投资基金通过沪港通投资香港联交所上市股票取得的股息红利所得，按照上述规定计征个人所得税。

《财政部 国家税务总局 证监会关于上市公司股息红利差别化个人所得税政策有关问题的通知》(财税〔2015〕101号)

个人从公开发行和转让市场取得的上市公司股票，持股期限超过1年的，股息红利所得暂免征收个人所得税。个人从公开发行和转让市场取得的上市公司股票，持股期限在1个月以内（含1个月）的，其股息红利所得全额计入应纳税所得额；持股期限在1个月以上至1年（含1年）的，暂减按50%计入应纳税所得额；上述所得统一适用20%的税率计征个人所得税。

《财政部 国家税务总局 证监会关于深港股票市场交易互联互通机制试点有关税收政策的通知》(财税〔2016〕127号)

（三）内地个人投资者通过深港通投资香港联交所上市股票的股息红利所得税。对内地个人投资者通过深港通投资香港联交所上市H股取得的股息红利，H股公司应向中国证券登记结算有限责任公司（以下简称中国结算）提出申请，由中国结算向H股公司提供内地个人投资者名册，H股公司按照20%的税率代扣个人所得税。内地个人投资者通过深港通投资香港联交所上市的非H股取得的股息红利，由中国结算按照20%的税率代扣个人所得税。个人投资者在国外已缴纳的预提税，可持有效扣税凭证到中国结算的主管税务机关申请税收抵免。

对内地证券投资基金通过深港通投资香港联交所上市股票取得的股息红利所得，按照上述规定计征个人所得税。

《国家税务总局关于外籍个人持有中国境内上市公司股票所取得的股息有关税收问题的函》(国税函发〔1994〕440号)规定：对持有B股或海外股（包括H股）的外籍个人，从发行该B股或海外股的中国境内企业所取得的股息（红利）所得，暂免征收个人所得税。

《财政部 国家税务总局关于个人所得税若干政策问题的通知》（财税字〔1994〕20号）规定：外籍个人从外商投资企业取得的股息、红利所得暂免征收个人所得税。

二、总结整理

个人持有非上市公司股权，取得的股利、分红，属于“股息、红利所得”，按20%的税率照章缴纳个人所得税。

个人取得境内上市公司的股票，取得的分红，持股期限在1个月以内（含1个月）的，其股息红利所得全额计入应纳税所得额；持股期限在1个月以上至1年（含1年）的，暂减按50%计入应纳税所得额。

持股期限超过1年的，暂免征税。

内地个人通过沪港通或者深港通投资香港联交所上市股票的， 按照 20% 的税率申报纳税。

外籍个人，从发行该 B 股或海外股的中国境内企业所取得的股息（红利）所得，暂免征收个人所得税；外籍个人从外商投资企业取得的股息、红利所得暂免征收个人所得税。

如表 5-1 所示：

表 5-1

<table>
<tr><th>股东类型</th><th>投资类型</th><th>征管政策</th><th>税率</th></tr>
<tr><td rowspan="6">自然人股东
股息
红利所得</td><td>非上市公司——股权</td><td>按“股息、红利所得”正常征收</td><td>20%</td></tr>
<tr><td>通过深港通投资香港联交所上市股票</td><td>按“股息、红利所得”正常征收</td><td>20%</td></tr>
<tr><td>通过沪港通投资香港联交所上市股票</td><td>按“股息、红利所得”正常征收</td><td>20%</td></tr>
<tr><td rowspan="3">上市公司 —— 股票</td><td>持有 1 个月以内（含 1 个月）正常征收</td><td>20%</td></tr>
<tr><td>长于 1 个月小于 12 个月，减半征收</td><td>10%</td></tr>
<tr><td>超过 1 年的，暂免征税</td><td>0%</td></tr>
</table>

三、案例分析

以上两节详细列明了不同投资方式下，自然人取得股息红利，该如何缴纳个人所得税。当投资于上市公司或通过深港通、沪港通投资香港联交所上市股票时，个人所得税的征收是有保障的。但投资于非上市公司时，往往因为各种原因，如股东主观因素、被投资公司的认知原因、财务水平、税务管理能力等，涉税法律风险较大。

案例1：某制造有限公司（不是小微企业）由A和B共同出资成立，其中A和B分别出资500万元，各占实收资本的50%。2020年公司税后利润为100万元（各项公积金计提已完成），当年A和B计划分配企业税后利润50万元。

按税法规定，股息、红利的税率为20%。故A、B股东分别取得税后股利收入20万元［50×50%×（1-20%）］，分别缴纳个人所得税5万元（50×50%×20%）。

会计处理流程如下：

确认分配利润时：（单位：万元）

借：利润分配——未分配利润 50

贷：应付股利 50

支付股利时：

借：应付股利 50

贷：银行存款 40

应交税费——应交个人所得税 10

代扣股东个人所得税时：

借：应交税费——应交个人所得税 10

贷：银行存款 10

分配股利后，该公司未分配利润为：100－50＝50（万

元）

值得注意的是，个人股东取得公司的股息红利所得，每次取得所得的时间为纳税义务发生时间，支付方于支付所得的次月 15 日前代扣代缴个人所得税。假如公司对两位股东支付股利的时间不一致，则纳税义务产生于支付时，支付的次月 15 日前由扣缴义务人申报代扣代缴。

应当注意的风险有：

a. 是否用提取了法定公积金后的未分配利润进行分配的？

b. 是否变相分配公司资产？

c. 分配是否经股东大会决议？

d. 股东会召集的程序是否合法？

e. 是否同股同权分配？

以上风险由下一个案例来说明。

案例 2： 兴达公司是改制企业，成立于 2004 年 6 月 23 日，注册资本为 273.98 万元，现共有 25 名自然人股东，公司法定代表人鲍庆群。谢安、刘家祥系该公司的股东，分别持有公司 14.54% 和 13.38% 的股权。在本案起诉前，谢安、刘家祥因认为公司法定代表人及其他一些管理人员侵害公司及谢安、刘家祥的利益，故双方发生纠纷及诉讼。在此前的诉讼过程中，谢安、刘家祥曾提出由兴达公司给谢安、刘家祥发放40万元赔偿或补偿款的调解方案，兴达公司为此召开股东会议，于2012年10月10日由兴达公司办公室短信通知谢安、刘家祥，公司定于2012年10月12日下午5点召开股东会议。谢安、刘家祥接到通知后，以程序违法为由，反对召开股东会议，后股东会如期召开，公司股东包括谢安、刘家祥在内的全体股东均到会。股东会以占股权67.92%的表决权通过股东会决议，决议内容为兴达公司给每位股东发补偿款40万元，谢安、刘家祥及另一位股东邢伟国签字表示不同意，现谢安、刘家祥也收到了补偿款40万元。2013年7月19日，谢安、刘家祥诉至法院，请求判令：确认2012年10月12日兴达公司作出的公司股东会决议（决议内容为公司给每位股东发放补偿款40万元）无效。庭审中，兴达公司认为发放的40万元补偿款不是分红款，性质是一种福利。谢安、刘家祥认为是分红款。

法院另查明：兴达公司股东现法定代表人鲍庆群任职期间，公司股东会议召开，一般均以短信或电话等方式进行通知。公司每年均按出资比例进行分红，2012年也进行了分红。

此案经过两审，最终由合肥市中级人民法院于2014年2月14日做出（2014）合民二终字第00036号民事判决，撤销原审判决，确认安徽兴达化工有限责任公司于2012年10月12日做出的同意给每位股东发放补偿款40万元的股东会决议无效。

裁判理由：首先，关于决议内容所涉款项的来源，兴达公司认为分发的款项来源于兴达公司账面余额，但无法明确是利润还是资产。《中华人民共和国公司法》第一百六十七条规定，公司分配当年税后利润时，应当提取利润的百分之十列入公司法定公积金；公司的法定公积金不足以弥补以前年度亏损的，在依照前款规定提取法定公积金之前，应当先用当年利润弥补亏损。因此，兴达公司有责任提供证据证明兴达公司是否按照法律规定弥补亏损并提取了法定公积金，但兴达公司未提交。其次，关于款项的性质，兴达公司辩称分发款项系福利性质。但根据通常理解，“福利”指员工的间接报酬，一般包括健康保险、带薪假期、过节礼物或退休金等形式。从发放对象看，“福利”的发放对象为员工，而本案中，决议内容明确载明发放对象系每位股东；从发放内容看，决议内容为公司向每位股东发放 40 万元，发放款项数额巨大，不符合常理。若兴达公司向每位股东分配公司弥补亏损和提取公积金后所余税后利润，则应当遵守《中华人民共和国公司法》第三十五条的规定分配，即股东按照实缴的出资比例分取红利；但是，全体股东约定不按照出资比例分取红利或者不按照出资比例优先认缴出资的除外。本案例中，在全体股东未达成约定的情况下，不按照出资比例分配而是对每位股东平均分配的决议内容违反了上述规定。再次，本案所涉股东会决议无论是以向股东支付股息或红利的形式，还是以股息或红利形式之外的、以减少公司资产或加大公司负债的形式分发款项，均是为股东谋取利益，变相分配公司利益的行为，该行为贬损了公司的资产，使得公司资产不正当的流失，损害了部分股东的利益，有可能影响债权人的利益。

综上，本案例所涉股东会决议是因公司股东滥用股东权形成的，决议内容损害公司、公司里其他股东的利益，违反了《中华人民共和国公司法》的强制性规定，应为无效。

由上述案例可以看出：股东取得分红，按股息红利收入缴纳个人所得税是法定义务，但分红的决议程序、资产的来源是否合法、分配比例是否合法等，都需要注意风险。否则可能因滥用股东权利而被法院决定无效。

案例 3：某制药公司，2020 年度新购入了一套房产、一辆小汽车。从公司财务入账、支付款项。但房屋产权证及小汽车的产权证分别办到了股东甲、乙两人的家人的名下，房屋由公司无偿使用，小汽车由乙股东家人占有使用。

会计处理流程如下：

购买时：（单位：万元）

借：固定资产 —— 房屋　　300

　　固定资产 —— 小汽车　　50

贷：银行存款　　350

年度折旧时：

借：管理费用——折旧费　25

贷：累计折旧——房屋　15

　　累计折旧——小汽车　10

根据国税函〔2005〕364号、财税〔2008〕83号文件精神，该制药公司将房产与小汽车产权关系办理至股东甲乙的家人名下，无论公司是有偿还是无偿使用这两项资产，皆应视为对股东分配股利，按照“股息、红利所得”，缴纳个人所得税，公司是扣缴义务人。

另，对不归属于公司资产的房屋与小汽车，虽然会计上将其列入了资产核算，并且列支了折旧费用，但根据税法规定，此项折旧费属于与收入无关的支出，所得税前不能扣除，不然公司也会面临企业所得税的风险。

案例4：余亚萍诉上海港海洋技术发展合作公司偿付代缴税金、退还扣款纠纷案。

上海港海洋技术发展合作公司（以下简称海洋公司）系股份合作制企业（非公司法人），其原投资人股东之一余远鹤投资13,000元，持有海洋公司每股10元的股份1,300股。余远鹤投资海洋公司、支付入股资金、领取红利等事宜，均由其女婿张根薪处理。余远鹤未在海洋公司工作过，于1998年3月24日病故。此后，余远鹤的继承人余亚萍为退回其父所投资股本金和利润分红等事宜提起诉讼。

法院经审理查明：海洋公司依法设立后，曾向股东发放过自1993年始的各年度红利。1994年1月24日，海洋公司从小金库支款以1月份工资名义向余远鹤发放股东红利300元，由余亚萍丈夫张根薪签收。1994年6月8日，海洋公司向余远鹤发放股东红利1,460元，由张根薪签收。1995年3月21日，海洋公司向余远鹤发放1994年股东红利1,887.50元，同日，海洋公司又向余远鹤发放1994年股东红利1,056.50元，均由张根薪签收。另海洋公司于1996年2月8日向余远鹤发放1995年股东红利1,950元，代扣个人所得税390元，由张根薪签收，但该领款凭证受款人则记载为“张根薪”。1997年2月27日又向余远鹤发放1996年股东红利1,040元，由张根薪签收，但海洋公司制作的领款凭证受款人记载为“张根薪”，发放项目列为“1996年奖金1,040.00元”。

另，海洋公司在向股东发放红利时，未全部代扣股东应缴纳的红利个人所得税。其中，1995年4月17日，海洋公司向税务机关缴纳于同年3月21日发放1994年度股东红利14,875元红利的代扣股东红利个人所得税2,975元，包括为发放给余远鹤红利1,887.50元应缴纳的个人所得税377.50元；1996年3月13日向税务机关缴纳于同年2月8日发放1995年红利（含工薪所得）19,698元应缴纳的个人所得税3,323.50元，包括发放给余远鹤以“张根薪”“1995

年股红 1,950.00 元”所应代扣应缴纳的个人所得税 390 元。海洋公司其余所发放之股东红利未按期限代扣代缴个人所得税，股东亦未自行向税务机关缴纳个人所得税。经税务机关查处，海洋公司于 1997 年 5 月 7 日向税务机关补交应代扣股东应缴纳的个人所得税 5,566.60 元，计 1994 年 6 月 8 日所发放之 1994 年上半年股东红利 11,800 元应缴纳的个人所得税，内包括发放给余远鹤 1,460 元红利应代扣应缴纳的个人所得税 292 元；计 1995 年 3 月 21 日所发放之 1994 年下半年股东红利 8,033 元的应缴纳的个人所得税，内包括发放给余远鹤 1,056.50 元红利应代扣应缴纳的个人所得税 211.30 元；计 1997 年 2 月 27 日所发放之 1996 年股东红利等个人所得 8,000 元的应缴纳的个人所得税，内包括记名为“张根薪”“1996 年奖金” 发放给余远鹤的红利 1,040 元的应代扣应缴纳的个人所得税 208 元。1999 年 4 月 4 日，海洋公司又向税务机关补交于 1994 年 1 月 24 日以“工资表”形式所发放之 1993 年股东红利 4,500 元的应缴纳的个人所得税 900 元，内包括发给余远鹤红利 300 元的应代扣应缴纳的个人所得税 60 元。

余远鹤故世后，余亚萍及张根薪曾多次与海洋公司交涉，明确告知要求退还股权款额，提出扣缴个人所得税必须提供由税务部门统一规定的、明确个人的完税凭证。

原审又查：余远鹤收取海洋公司所发放的上述股东红

利，未自行向国家税务机关缴纳过个人所得税，余亚萍在继承、领取海洋公司所退的余远鹤原投资股金财产后亦未向国家税务机关补缴纳过余远鹤应缴纳的个人所得税。2000年4月6日，海洋公司致函上海市税务局黄浦区分局第二税务所，陈述该公司历年发放股东红利及代缴个人所得税情况，请予证实。载明：1994年1月24日发放1993年股红4,500元，已缴税金900元（税证号0575539），其中余远鹤得股红300元，应缴税60元。1995年3月21日发放1994年度全年股红14，875元，已缴税金2，975元（税证号9504537678），其中余远鹤得股红1，887.50元，应缴税377.50元。历年发放股红27，833元，已缴税金5，566.60元（税证号4426084），其中：1994年6月8日发1994年度上半年11,800元，余远鹤得股红1，460元，应缴税292元。1995年3月21日发1994年度下半年8，033元，余远鹤得股红1,056.50元，应缴税211.30元。1997年2月27日发1996年股红8，000元，余远鹤得股红1，040元，应缴税208元。综上所列，1993年、1994年、1995年公司代缴余远鹤个人所得税共计1，148.80元。上海市税务局黄浦区分局第二税务所批注“情况属实”，加盖公章。

法院认为：余远鹤投资海洋公司，取得自1994年始的股东红利，均应依法缴纳个人所得税。余远鹤故世后，其投资于海洋公司的入股资金，由余亚萍继承并从海洋公司收回该投资入股资金，余亚萍继承、享有了收回其父投资入股资金财产的权利，理应承担履行对其父投资所得应依法缴纳个人所得税之清偿义务。国家继承法明确规定，继承遗产应当清偿被继承人依法应当缴纳的税款和债务，缴纳税款和清偿债务以他的遗产实际价值为限。海洋公司作为个人所得税代扣代缴义务人，已履行代扣代缴余远鹤投资收益分配红利个人所得税之义务，故对此已缴纳之个人所得税款应由余远鹤遗产继承人余亚萍偿还给海洋公司。

法院判决：余亚萍应于该判决生效之日起十日内偿还给海洋公司代缴余远鹤个人所得税的款项1，148.80元。二审法院对此判决予以维持。

启示：此案发生在21年前，法院的判决显示了税法的刚性。依法纳税，是企业、公民应尽的义务。股东获得企业的利润分配、红利，应当依法缴纳个人所得税；而公司作为个人所得税代扣代缴义务人，亦应依法履行代扣代缴个人所得税之义务。

第六章 风险分析及实践应用——撤资、转让股权时

一、相关法律政策规定

《中华人民共和国公司法》

第七十一条，有限责任公司的股东之间可以相互转让其全部或者部分股权。股东向股东以外的人转让股权，应当经其他股东过半数同意。股东应就其股权转让事项书面通知其他股东征求同意，其他股东自接到书面通知之日起满三十日未答复的，视为同意转让。其他股东半数以上不同意转让的，不同意的股东应当购买该转让的股权；不购买的，视为同意转让。经股东同意转让的股权，在同等条件下，其他股东有优先购买权。两个以上股东主张行使优先购买权的，协商确定各自的购买比例；协商不成的，按照转让时各自的出资比例行使优先购买权。公司章程对股权转让另有规定的，从其规定。

第七十五条，自然人股东死亡后，其合法继承人可以继承股东资格；但是，公司章程另有规定的除外。

《中华人民共和国个人所得税法》

第二条，下列各项个人所得，应当缴纳个人所得税：（八）财产转让所得。

第三条，个人所得税的税率：（三）利息、股息、红利所得，财产租赁所得，财产转让所得和偶然所得，适用比例税率，税率为百分之二十。

第六条，应纳税所得额的计算：（五）财产转让所得，以转让财产的收入额减除财产原值和合理费用后的余额，为应纳税所得额。

第九条，个人所得税以所得人为纳税人，以支付所得的单位或者个人为扣缴义务人。

第十二条，纳税人取得利息、股息、红利所得，财产租赁所得，财产转让所得和偶然所得，按月或者按次计算个人所得税，有扣缴义务人的，由扣缴义务人按月或者按次代扣代缴税款。

《中华人民共和国个人所得税法实施条例》

第六条，个人所得税法规定的各项个人所得的范围：（八）财产转让所得，是指个人转让有价证券、股权、合伙企业中的财产份额、不动产、机器设备、车船以及其他财产取得的所得。

第十七条，财产转让所得，按照一次转让财产的收入额减除财产原值和合理费用后的余额计算纳税。

第二十四条，扣缴义务人向个人支付应税款项时，应当依照个人所得税法规定预扣或者代扣税款，按时缴库，并专项记载备查。

《财政部、国家税务总局关于个人转让股票所得继续暂免征收个人所得税的通知》（财税字〔1998〕61号）规定，为了配合企业改制，促进股票市场的稳健发展，经报国务院批准，从1997年1月1日起，对个人转让上市公司股票取得的所得继续暂免征收个人所得税。

《国家税务总局关于纳税人收回转让的股权征收个人所得税问题的批复》（国税函〔2005〕130号）规定：股权转让合同履行完毕、股权已作变更登记，且所得已经实现的，转让人取得的股权转让收入应当依法缴纳个人所得税。转让行为结束后，当事人双方签订并执行解除原股权转让合同、退回股权的协议，是另一次股权转让行为，对前次转让行为征收的个人所得税款不予退回。

《财政部 国家税务总局 证监会关于个人转让上市公司限售股所得征收个人所得税有关问题的通知》（财税〔2009〕167号）

一、自2010年1月1日起，对个人转让限售股取得的所得，按照“财产转让所得”，适用 20% 的比例税率征收个人所得税。

四、限售股转让所得个人所得税，以限售股持有者为纳税义务人，以个人股东开户的证券机构为扣缴义务人。限售股个人所得税由证券机构所在地主管税务机关负责征收管理。

六、纳税人同时持有限售股及该股流通股的，其股票转让所得，按照限售股优先原则，即：转让股票视同为先转让限售股，按规定计算缴纳个人所得税。

八、对个人在上海证券交易所、深圳证券交易所转让从上市公司公开发行和转让市场取得的上市公司股票所得，继续免征个人所得税。

《财政部 国家税务总局 证监会关于个人转让上市公司限售股所得征收个人所得税有关问题的补充通知》（财税〔2010〕70 号）

第二项规定，个人转让限售股或发生具有转让限售股实质的其他交易，取得现金、实物、有价证券和其他形式的经济利益均应缴纳个人所得税。限售股在解禁前被多次转让的，转让方对每一次转让所得均应按规定缴纳个人所得税。

《国家税务总局关于个人终止投资经营收回款项征收个人所得税问题的公告》（国家税务总局公告 2011 年第 41 号）

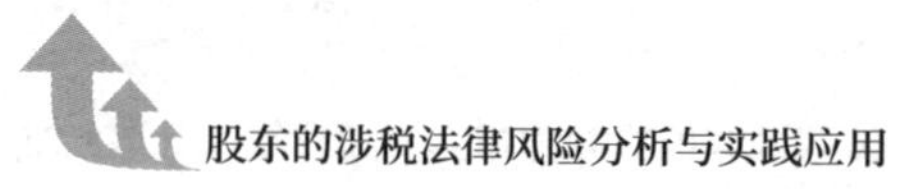

第一项规定，个人因各种原因终止投资、联营、经营合作等行为，从被投资企业或合作项目、被投资企业的其他投资者以及合作项目的经营合作人取得股权转让收入、违约金、补偿金、赔偿金及以其他名目收回的款项等，均属于个人所得税应税收入，应按照“财产转让所得”项目适用的规定计算缴纳个人所得税。

应纳税所得额的计算公式如下：应纳税所得额 = 个人取得的股权转让收入、违约金、补偿金、赔偿金及以其他名目收回款项合计数 - 原实际出资额（投入额）及相关税费。

《国家税务总局关于切实加强高收入者个人所得税征管的通知 》（国税发〔2011〕50 号）

加强财产转让所得征管

1. 完善自然人股东股权（份）转让所得征管

（1）积极与工商行政管理部门合作，加强对个人转让非上市公司股权所得征管。重点做好平价或低价转让股权的核定工作，建立电子台账，记录股权转让的交易价格和税费情况，强化财产原值管理。

（2）加强个人对外投资取得股权的税源管理，重点监管上市公司在上市前进行增资扩股、股权转让、引入战略投资者等行为的涉税事项，防止税款流失。

（3）与相关部门密切配合，积极做好个人转让上市公司限售股个人所得税征管工作。

《股权转让所得个人所得税管理办法（试行）》（国家税务总局公告 2014 年第 67 号）

第四条：个人转让股权，以股权转让收入减除股权原值和合理费用后的余额为应纳税所得额，按“财产转让所得”缴纳个人所得税。合理费用是指股权转让时按照规定支付的有关税费。

第五条：个人股权转让所得个人所得税，以股权转让方为纳税人，以受让方为扣缴义务人。

第七条：股权转让收入是指转让方因股权转让而获得的现金、实物、有价证券和其他形式的经济利益。

第八条：转让方取得与股权转让相关的各种款项，包括违约金、补偿金以及其他名目的款项、资产、权益等，均应当并入股权转让收入。

第九条：纳税人按照合同约定，在满足约定条件后取得的后续收入，应当作为股权转让收入。

第十条：股权转让收入应当按照公平交易原则确定。

《财政部 税务总局 证监会关于个人转让全国中小企业股份转让系统挂牌公司股票有关个人所得税政策的通知》（财税〔2018〕137 号）

一、自 2018 年 11 月 1 日（含）起，对个人转让新三板挂牌公司非原始股取得的所得，暂免征收个人所得税。

本通知所称非原始股是指个人在新三板挂牌公司挂牌后取得的股票，以及由上述股票滋生的送、转股。

二、对个人转让新三板挂牌公司原始股取得的所得，按照“财产转让所得”，适用 20% 的比例税率征收个人所得税。

本通知所称原始股是指个人在新三板挂牌公司挂牌前取得的股票，以及在该公司挂牌前和挂牌后由上述股票滋生的送、转股。

《财政部 税务总局 证监会关于继续执行沪港、深港股票市场交易互联互通机制和内地与香港基金互认有关个人所得税政策的公告》（财政部 税务总局 证监会公告 2019 年第 93 号）规定，对内地个人投资者通过沪港通、深港通投资香港联交所上市股票取得的转让差价所得和通过基金互认买卖香港基金份额取得的转让差价所得，自 2019 年 12 月 5 日起至 2022 年 12 月 31 日止，继续暂免征收个人所得税。

财税〔2016〕36 号附件 1 后附的《销售服务、无形资产、不动产注释》第一条第（五）项规定，金融服务是指经营金融保险的业务活动，包括贷款服务、直接收费金融服务、保险服务和金融商品转让，其中金融商品转让，是指转让外汇、有价证券、非货物期货和其他金融商品所有权的业务活动，其他金融商品转让包括基金、信托、理财产品等各类资产管理产品和各种金融衍生品的转让。

财税〔2016〕36号附件3《营业税改征增值税试点过渡政策的规定》第一条第（二十二）项第5目规定，个人从事金融商品转让业务免征增值税。

《财政部 国家税务总局 证监会关于沪港股票市场交易互联互通机制试点有关税收政策的通知》（财税〔2014〕81号）规定：1. 对香港市场投资者（包括单位和个人）通过沪港通买卖上交所上市A股取得的差价收入，暂免征收营业税。2. 对内地个人投资者通过沪港通买卖香港联交所上市股票取得的差价收入，按现行政策规定暂免征收营业税。

《财政部 国家税务总局 证监会关于深港股票市场交易互联互通机制试点有关税收政策的通知》（财税〔2016〕127号）规定：1. 对香港市场投资者（包括单位和个人）通过深港通买卖深交所上市A股取得的差价收入，在营改增试点期间免征增值税。2. 对内地个人投资者通过深港通买卖香港联交所上市股票取得的差价收入，在营改增试点期间免征增值税。

二、总结整理

个人转让非上市公司股权，以股权转让收入减除股权原值和合理费用后的余额为应纳税所得额，按“财产转让所得”，依 20% 的税率缴纳个人所得税。

个人在上海证券交易所、深圳证券交易所转让从上市公司公开发行和转让市场取得的上市公司股票所得，继续免征个人所得税。

内地个人投资者通过沪港通、深港通投资香港联交所上市股票取得的转让差价自 2019 年 12 月 5 日起至 2022 年 12 月 31 日止，继续暂免征收个人所得税。

个人转让上市公司股票（包括主板、中小板、创业板、科创板），按照财税〔2016〕36 号文规定，个人从事金融商品转让业务，免征增值税。

个人转让挂牌公司股票（新三板），不确定是否征税。有的地方认为新三板股权属于金融商品，就是免征增值税，有的地方认为在总局进一步明确前，视为股权转让，暂不征收增值税。

个人转让非上市公司股权不属于增值税征税范围。因非上市企业未公开发行股票，其股权不属于有价证券。

内地个人投资者通过深港通、沪港通买卖香港联交所上市股票取得的差价收入，在营改增试点期间免征增值税。

如表 6-1 所示：

表 6-1

股东类型	投资类型	个税征管政策	个税税率	增值税征管政策
自然人股东 财产转让所得	非上市公司——股权	按“财产转让所得”正常征收	20%	不属于增值税征收范围
	新三板——股票	转让非原始股免征；转让原始股按“财产转让所得”征收	20%	免征、正常征收
	上市公司——股票	继续免征	0%	免征
	通过深港通投资香港联交所上市股票	自 2019 年 12 月 5 日起至 2022 年 12 月 31 日止暂免	0%	暂免
	通过沪港通投资香港联交所上市股票	自 2019 年 12 月 5 日起至 2022 年 12 月 31 日止暂免超过1年的，暂免征税	0%	暂免

三、案例分析

以上两节详细列明了不同投资方式下，自然人股东转让股权如何申报缴纳个人所得税。投资于上市公司的股票转让是免税的；通过深港通、沪港通投资香港联交所上市股票时，自 2019 年 12 月 5 日起至 2022 年 12 月 31 日止仍旧免税。因此撤资、转让股权时的税务风险，主要在于转让非上市公司股权。

案例1：甲公司实收资本1000万元，有2个自然人股东，A股东占比40%，B股东占比60%，目前甲公司账面上盈余公积2000万元，未分配利润3000万元。由于内部问题，A股东撤资收回款项5000万元。现A股东撤资，如何纳税？

1. 个人取得的股权转让收入=5000万元

2. 原实际出资额（投入额）=1000万元*40%=400万元

3. 应纳税所得额=个人取得的股权转让收入、违约金、补偿金、赔偿金及以其他名目收回款项合计数-原实际出资额（投入额）及相关税费=5000万元-400万元=4600万元

4. 财产转让所得的个税=4600万元*20%=920万元

税款由甲公司代扣代缴。

案例2：李丙入股A有限公司300万，持股占30%。5年后提出转让股权，收到现金400万。转让时A有限公司累计亏损200万元，账面盈余公积500万元。李丙应如何纳税？

按照持股比例，李丙撤资应确认收回成本300万，股息红利所得为150万元(500万*30%)，股权转让所得亏50万元。

应纳税所得额=个人取得的股权转让收入、违约金、补偿金、赔偿金及以其他名目收回款项合计数-原实际出资额（投入额）及相关税费”。个人由于撤资、减资等原因从被投资企业分回的资产，超过投资成本的部分不确认股息红利

所得，应该全部确认为财产转让所得，所以，应当按照 100 万元计算缴纳个人所得税。

但个人所得税实行分类所得税制，个人的不同所得项目要分别计算税额。那么，个人的股权转让损失是否可以从股息红利所得中扣除，即按照差额 100 万缴纳个人所得税。无论怎么计算，股息红利所得与财产转让所得的税率均为 20%。

值得注意的风险有：

a. 股权转让收入中是否包含了实物、其他经济利益、违约金、其他权益、后续收入等？

b. 股权转让收入是否公允？

c. 价格明显偏低是否有正当理由？

《股权转让所得个人所得税管理办法（试行）》（国家税务总局公告 2014 年第 67 号）第五条规定，个人股权转让所得个人所得税，以股权转让方为纳税人，以受让方为扣缴义务人。那是不是说受让方可以随意扣压转让方的转让款呢？不是这样的。受让方需实际代扣代缴相应金额的个人所得税，并进行账务处理，才能主张扣除等额的转让款。

案例 3：（2019）最高法民申 3972 号

甘肃万达公司购买郝生山、刘燕所持有的某公司股权，在支付大部分股权转让款后，未支付剩余款项，被后者诉至法院要求承担违约责任。万达公司主张，其未支付剩余款项的理由是郝生山、刘燕不依法履行股权转让个人所得税纳税申报义务，万达公司需履行个人所得税代扣代缴义务。其作为个人所得税的代扣代缴义务人，在税款未缴纳前有权行使不安抗辩权中止支付剩余股份转让款，不构成违约，亦不应承担违约金。

法院经审理认为，税款的缴纳与甘肃万达公司支付股权转让款之间并非双方在合同中约定的先后义务，甘肃万达公司并未实际履行代扣代缴义务，其本身未履行义务而主张不安抗辩权，与法律规定不符。因此，其未按照约定期限支付全部股权转让款，构成违约，亦应承担违约金。故法院裁定驳回甘肃万达公司的再审申请。

此案件之所以作为推选案例，原因在于：税款缴纳时间与股权转让款支付时间的关系，在实务中存在很多争议，这个案例的判决对厘清其中的关系具有指导意义。此案中，万达公司属于滥用不安抗辩，侵犯了相对人的经济利益。法院的判决维护了自然人股东作为市场主体的合法权利。

第七章 风险分析及实践应用——资本公积、盈余公积、未分配利润转增资本时

资本公积（capital reserves）是指企业在经营过程中由于接受捐赠、股本溢价以及法定财产重估增值等原因所形成的公积金。会计准则所规定的可计入资本公积的有四项：资本（股本）溢价、其他资本公积、资产评估增值、资本折算差额。因资本公积的形成原因不同，其转资时的税务处理也不相同。因个别股东投资溢价形成的资本公积金，不作为应税所得征收个人所得税。因其本身就是投资者投入的资本，故此项转增不需交个税。由其他资本公积、资产评估增值、资本折算差额所形成的资本公积在转增资本时，个人股东正常纳税。

本章仅讨论资本公积、盈余公积、未分配利润转增资本时，自然人股东涉及的个人所得税。

《国家税务总局关于股份制企业转增股本和派发红股征免个人所得税的通知》（国税发〔1997〕198 号）规定：

（1）股份制企业用资本公积金转增股本不属于股息、红利性质的分配，对个人取得的转增股本数额，不作为个人所得，不征收个人所得税。（2）股份制企业用盈余公积金派发红股属于股息、红利性质的分配，对个人取得的红股数额，应作为个人所得征税。派发红股的股份制企业作为支付所得的单位应按照税法规定履行扣缴义务。

《国家税务总局关于盈余公积金转增注册资本征收个人所得税问题的批复》（国税函〔1998〕333 号）指出将从税后利润中提取的法定公积金和任意公积金转增注册资本，实际上是该公司将盈余公积金向股东分配了股息、红利，股东再以分得的股息、红利增加注册资本。对属于个人股东分得再投入公司（转增注册资本）的部分应按照“利息、股息、红利所得”项目征收个人所得税，税款由股份有限公司在有关部门批准增资、公司股东会决议通过后代扣代缴。

一、投资于中小高新技术企业

1. 有限公司

《财政部 国家税务总局关于将国家自主创新示范区有关税收试点政策推广到全国范围实施的通知》财税〔2015〕116 号第三项规定，（1）自 2016 年 1 月 1 日起，全国范围内的中小高新技术企业以未分配利润、盈余公积、资本公积向个人股东转增股本时，个人股东一次缴纳个人所得税确有困难的，可根据实际情况自行制定分期缴税计划，在不超过5个公历年度内（含）分期缴纳，并将有关资料报主管税务机关备案。（2）个人股东获得转增的股本，应按照“利息、股息、红利所得”项目，适用20%税率征收个人所得税。（3）股东转让股权并取得现金收入的，该现金收入应优先用于缴纳尚未缴清的税款。

中小高新技术企业是如何界定的？文中规定中小高新技术企业，是指注册在中国境内实行查账征收的、经认定取得高新技术企业资格，且年销售额和资产总额均不超过2亿元、从业人数不超过500人的企业，体现国家对中小高新技术企业的扶持。

2. 股份制公司

如果目前现行有效的其他税收政策优于116号文规定的，则适用其他税收政策，比如：（1）中小高新技术企业（股份有限公司）将股票溢价形成的资本公积转增股本的，个人股东不征个税。（2）上市或挂牌的中小高新技术企业将盈余公积、未分配利润转增股本，个人股东也不适用116号文的5年分期缴纳规定。因为个人股东持有上市或挂牌的中小高新技术企业一年以上的，该中小高新技术企业转增的，如是上市公司，则个人股东免个税；如是挂牌企业，则个人股东减按25%计入应纳税所得额，优惠力度比116号文大。

二、投资于非中小高新技术企业

1. 有限公司

《国家税务总局关于进一步加强高收入者个人所得税征收管理的通知》（国税发〔2010〕54号）强调，加强企业转增注册资本和股本管理，对以未分配利润、盈余公积和除股票溢价发行外的其他资本公积转增注册资本和股本的，要按照“利息、股息、红利所得”项目，依据现行政策规定计征个人所得税。

有限公司以未分配利润、盈余公积、资本公积向个人股东转增股本时，个人股东应当缴纳个人所得税。

2. 股份制公司

国税发〔1997〕198号规定，股份制企业用资本公积金转增股本不属于股息、红利性质的分配，对个人取得的转增股本数额，不作为个人所得，不征收个人所得税。国税函〔1998〕289号对“资本公积金”进一步明确，此处的资本公积金是指股份制企业股票溢价发行收入所形成的资本公积金。将此转增股本由个人取得的数额，不作为应税所得征收个人所得税。而与此不相符合的其他资本公积金分配个人所得部分，应当依法征收个人所得税。

股份制企业用盈余公积金派发红股属于股息、红利性质的分配，对个人取得的红股数额，应作为个人所得征税。

股份公司将其他资本公积、盈余公积、未分配利润转增股本的，个人股东应当缴纳个人所得税。

总结见表 7-1：

表 7-1

<table>
<tr><th rowspan="3">转增资本科目</th><th rowspan="3">来源方式</th><th colspan="2">有限公司</th><th colspan="2">股份制公司</th></tr>
<tr><th>中小高新</th><th>非中小高新</th><th>中小高新</th><th>非中小高新</th></tr>
<tr><th>技术企业</th><th>技术企业</th><th>技术企业</th><th>技术企业</th></tr>
<tr><td>资本公积</td><td>资本（股本）溢价发行</td><td>不征</td><td rowspan="3">征收</td><td>不征</td><td>不征</td></tr>
<tr><td>其他资本公积</td><td>其他资本公积、资产评估增值、资本折算差额</td><td rowspan="2">在不超过5个年度内分期缴纳</td><td rowspan="2">上市公司免征；挂牌企业减按 25% 计入所得额</td><td rowspan="2">征收</td></tr>
<tr><td>盈余公积
未分配利润</td><td>留存收益</td></tr>
</table>

目前，资本公积转增的税务处理，仍存在一定争议。该不该对有限公司资本溢价形成的资本公积，转增注册资本征收个人所得税问题，有不同理解。IPO 改制过程中，资本公积转增股本，是否要计缴个人所得税？两种情况：（1）有限公司资本溢价转增股本部分，在主管税务机关认可的前提下，可以暂时不缴纳个税，并出具相关日后会承担义务的承诺，一般情况下不会构成实质性障碍；（2）如果想要采用资本公积转增，又想税务风险降低到最小，可以先改制，再

引入投资者，然后再进行资本公积转增。在股份制阶段的股本溢价，转增股本时，不需要缴纳个税，这一点是非常明确的；当然也可以在初步架构调整时，通过公司形式对发行人持股，而不是自然人直接持股。

案例 1：某有限公司（以下称裕德公司）在多年前实行了股份制改制，股东全为自然人。为了快速扩张，在无资金投入的情况下，股东大会决定，以公司结余的资本公积转增股本并分配到各股东名下，2012 年 11 月，裕德公司会计处理：

借：资本公积 2220 万元，贷：实收资本 2220 万元。

2013 年 7 月，税务检查组至裕德公司检查，检查员询问上述会计处理时，其财务人员以《国家税务总局关于股份制企业转增股本和派发红股征免个人所得税的通知》〔1997〕198 号文件的规定："股份制企业用资本公积金转增股本不属于股息、红利性质的分配，对个人取得的转增股本数额，不作为个人所得，不征收个人所得税。"来解释。检查员便查阅了该公司股东大会决定、被检查年度资本公积相关明细账户及会计处理凭证，如情况属实，对照 198 号文的规定此转股事项将不涉及个人所得税的问题。

但根据国税函《关于原城市信用社在转制为城市合作银行过程中个人股增值所得应纳个人所得税》〔1998〕289 号（以下简称国税函〔1998〕289 号）对国税发〔1997〕198

号已进行了补充说明："《国家税务总局关于股份制企业转增股本和派发红股征免个人所得税的通知》（国税发〔1997〕198号）中所表述的'资本公积金'是指股份制企业股票溢价发行收入所形成的资本公积金。将此转增股本由个人取得的数额，不作为应税所得征收个人所得税。而与此不相符合的其他资本公积金分配个人所得部分，应当依法征收个人所得税。"

该公司资本公积明细账记载的就是"股票溢价"，但其没有发行过股票。再查转增股本事项的复印件时，会计报表上被检查年度年初的资本公积数近3000万元，而盈余公积只有20多万元，如此大的差异非常蹊跷，原来就在被检查年度前一年的10月，该公司做了如下会计处理：

借：盈余公积2150万元，贷：资本公积－股票溢价2150万元

财务人员解释说这是公司董事会决定的，财务上只是遵照执行。之所以如此操作是因为：一是仅看到了国税发〔1997〕198号文关于股份制企业用资本公积金转增股本不征收个人所得税的规定，没有看到国税函〔1998〕289号文件的补充解释；二是由于公司盈余公积余额很大，而资本公积余额很小，为了逃避用盈余公积转增股本带来的大额个人所得税，便在前一年的10月将结余盈余公积中的2150万元预先"潜伏"到"资本公积－股票溢价"打埋伏，一年后见

无人关注，便又自作聪明转入了实收资本。

最终，裕德公司不仅需继续代扣代缴应缴纳的个人所得税，而且受到了未代扣代缴税款金额一倍的罚款。

启示：国税函〔1998〕289号明确了必须是股份制企业股票溢价发行收入所形成的资本公积金转增股本，才不作为应税所得征收个人所得税，而与此不相符合的其他资本公积金转增资本的，应当依法征收个人所得税。此处的“资本公积”是指按会计准则正确核算的真实的“资本公积”，而不是会计上任意调账的一个会计科目。如以看似合法的会计科目转换，为股东掩盖逃避个人所得税的目的，还将面临税收征管法规定的50%以上3倍以下罚款处罚。

案例2：未分配利润转增资本“不缴”个税案

2009年2月，深圳市科虹通信有限公司向工商管理机关申请以未分配利润900万元向股东转增股本形式增加注册资本至1000万元的变更登记，提交了相关资料。

2011年5月9日，深圳市科虹通信有限公司向税务机关填报2010年1月1日至2010年12月31日资产负债表，载明实收资本从100万元增加至1000万元。

2011年9月14日，深圳市地方税务局第二稽查局向深圳市科虹通信有限公司发出深地税二稽检通一（2011）42号《税务检查通知书》，决定对原告2009年1月1日至2010

年 12 月 31 期间的涉税情况进行检查。

2011 年 11 月 4 日，深圳市科虹通信有限公司在税务检查情况核对意见书中向被深圳市地方税务局第二稽查局提出 2010 年营业账簿记载实收资本增加 900 万元未申报缴纳印花税 4,500 元、2010 年 9 月以未分配利润向股东转增资本未代扣代缴个人所得税 1,643,400 元两项事项的异议，并陈述了 2009 年 3 月为参加工程竞标，委托中介公司办理以未分配利润转增注册资本至 1000 万元的虚假增资情况。

2012 年 3 月 26 日，深圳市科虹通信有限公司通过股东会决议、修改公司章程，办理纠正 2009 年 3 月以未分配利润转增注册资本的虚假增资更正手续（补充提出了深圳市华图会计师事务所在同一时间出具了两份不同结果的审计报告），全部股东以货币 900 万元出资补缴未实际到位的注册资本，出资比例未变。2012 年 5 月 8 日，上诉人改正虚假增资登记行为的申请获得工商管理机关准许，并办理了备案登记。2012 年 5 月 25 日，深圳市科虹通信有限公司向深圳市福田区国家税务局填报的资产负债表中，将 2011 年 1 月 1 日至 2011 年 12 月 31 日期间实收资本从 1000 万元调整为 100 万元。

此税务稽查案件最终行政裁定书和判决书：深圳市地方税务局第二稽查局认定科虹通信公司的个人股东实际获得以未分配利润转增注册资本形式的应纳税个人所得，依据不足。

二审法院据此撤销深圳市地方税务局第二稽查局做出的深地税二稽责〔2012〕619号《责令代扣代缴个人所得税通知书》第一项，以及要求该局返还涉案税款等，并无不当。

启示：科虹通信公司虽然在账务处理上，将未分配利润900万转增资本，但原因是为投标而委托中介公司办理的虚假增资，且其后来通过股东会决议、修改公司章程，办理纠正了此项虚假增资手续。最终二审法院认为，据此转增形式计征个人所得税1,643,400元依据不足，要求该局返还涉案税款。

因为是非真实的以未分配利润转增资本，故科虹通信公司虽然免除了代扣代缴个人所得税的责任，但其为竞标弄虚作假的行为会受到其他行政部门的处罚。

第八章 风险分析及实践应用——注销清算时

本章自然人股东注销清算的涉税程序、实质事项规定与第十五章法人股东注销清算的规定基本相同，区别在于自然人股东最终收到的剩余财产、应付股息应缴纳个人所得税；法人单位股东最终收到的剩余财产、应付股息应缴纳企业所得税。因此对于政策法规的列举说明有重复，也各有侧重，本章侧重于分得剩余财产的税款计算与缴纳，第十五章侧重于股东责任的承担与连带。

一、相关法律政策规定

《中华人民共和国企业所得税法》

第五十五条，企业在年度中间终止经营活动的，应当自实际经营终止之日起六十日内，向税务机关办理当期企业所得税汇算清缴。

企业应当在办理注销登记前，就其清算所得向税务机关申报并依法缴纳企业所得税。

《财政部、国家税务总局关于企业清算业务企业所得税处理若干问题的通知》（财税〔2009〕60 号）

三、企业清算的所得税处理包括以下内容：

（一）全部资产均应按可变现价值或交易价格，确认资产转让所得或损失；

（二）确认债权清理、债务清偿的所得或损失；

（三）改变持续经营核算原则，对预提或待摊性质的费用进行处理；

（四）依法弥补亏损，确定清算所得；

（五）计算并缴纳清算所得税；

（六）确定可向股东分配的剩余财产、应付股息等。

四、企业的全部资产可变现价值或交易价格，减除资产的计税基础、清算费用、相关税费，加上债务清偿损益等后的余额，为清算所得。企业应将整个清算期作为一个独立的纳税年度计算清算所得。

五、企业全部资产的可变现价值或交易价格减除清算费用，职工的工资、社会保险费用和法定补偿金，结清清算所得税、以前年度欠税等税款，清偿企业债务，按规定计算可以向所有者分配的剩余资产。被清算企业的股东分得的剩余资产的金额，其中相当于被清算企业累计未分配利润和累计盈余公积中按该股东所占股份比例计算的部分，应确认为股息所得；剩余资产减除股息所得后的余额，超过或低于股东投资成本的部分，应确认为股东的投资转让所得或损失。被清算企业的股东从被清算企业分得的资产应按可变现价值或实际交易价格确定计税基础。

《国家税务总局关于企业清算所得税有关问题的通知》（国税函〔2009〕684号）

一、企业清算时，应当以整个清算期间作为一个纳税年度，依法计算清算所得及其应纳所得税。企业应当自清算结束之日起15日内，向主管税务机关报送企业清算所得税纳税申报表，结清税款。

企业未按照规定的期限办理纳税申报或者未按照规定期限缴纳税款的，应根据《中华人民共和国税收征收管理法》的相关规定加收滞纳金。

二、进入清算期的企业应对清算事项，报主管税务机关备案。

企业破产法规定的税收优先权主要包括：①税务机关征收税款，税收优先于无担保债权，法律另有规定的除外；②纳税人欠缴的税款发生在纳税人以其财产设定抵押、质押或者纳税人的财产被留置之前的，税收应当先于抵押权、质押权和留置权执行；③税收优先于罚款、没收违法所得。

《中华人民共和国公司法》第二十条，公司股东应当遵守法律、行政法规和公司章程，依法行使股东权利，不得滥用股东权利损害公司或者其他股东的利益；不得滥用公司法人独立地位和股东有限责任损害公司债权人的利益。

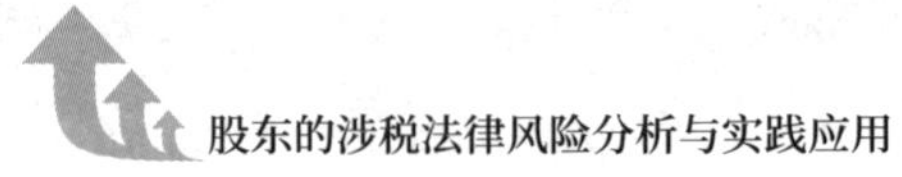

公司股东滥用股东权利给公司或者其他股东造成损失的，应当依法承担赔偿责任。

公司股东滥用公司法人独立地位和股东有限责任，逃避债务，严重损害公司债权人利益的，应当对公司债务承担连带责任。

说明：根据第二十条的规定，公司在注销后查出偷逃税行为，可认定为是故意逃避国家税收而注销的，属于滥用股东的独立法人地位行为，应由其股东对应纳税款全额承担无限连带责任。因为国家也是债权人之一，侵犯了国家的税收债权，就是滥用权利损害国家利益，股东当然需对税款承担连带责任。

第六十三条，一人有限责任公司的股东不能证明公司财产独立于股东自己的财产的，应当对公司债务承担连带责任。

说明：这种情况属于股东与法人财产混同，可以直接向股东追缴税款。另外，如果公司法人资产不明、账务不清，没有办法进行清算时，可以推定股东滥用公司人格，由股东对公司应纳税款承担无限连带责任。

第一百八十九条，清算组成员应当忠于职守，依法履行清算义务。

清算组成员不得利用职权收受贿赂或者其他非法收入，

不得侵占公司财产。

清算组成员因故意或者重大过失给公司或者债权人造成损失的，应当承担赔偿责任。

说明：对有限责任公司而言，清算组成员就是股东，应了解公司是否存在偷逃税，公司没有缴纳应缴税款就申请注销应属于故意行为，清算组成员应当承担赔偿责任。这时清算组中股东的行为是一种侵权行为，他所承担的责任不限于其所分得的剩余财产，应该对债权实际造成的损失承担无限责任。

二、案例分析

清算所得是清算企业应交企业所得税的应纳税所得额。清算企业的剩余资产是可以向股东分配的实际资产。二者不是一个概念，可以理解为一个是所得，另一个是资产。结合财政部、国家税务总局《关于企业清算业务企业所得税处理若干问题的通知》（财税〔2009〕60号）的相关规定，清算所得用公式表述如下：

清算所得＝资产可变现价值或交易价格－资产的计税基础＋债务清偿损益－清算费用－相关税费－可弥补以前年度亏损。

清算费用是指纳税人在清算过程中实际发生的、与清算活动有关的费用，包括清算组组成人员的工资、差旅费、办公费、公告费、诉讼费、评估费、咨询费等。

相关税费是指在清算期间因处理资产、负债而产生的营业税、印花税、土地增值税、教育费附加等税费。

清算期间应缴企业所得税＝清算所得 × 企业所得税税率（即 25%）。

可以向企业所有者分配的剩余财产 = 企业的全部资产可变现价值或交易价格 – 清算费用 – 相关税费 – 职工的工资 – 社会保险费用 – 法定补偿金 – 结清清算所得税 – 以前年度欠税 – 清偿企业债务。

自然人股东在清算环节涉税要点：

被清算企业的股东分得的剩余资产的金额，其中相当于被清算企业累计未分配利润和累计盈余公积中按该股东所占股份比例计算的部分，应确认为股息所得。按照《个人所得税法》的规定，利息、股息、红利所得，以每次收入额为应纳税所得额，适用比例税率，税率为 20%。

剩余资产减除股息所得后的余额，超过或低于股东投资成本的部分，应确认为股东的投资转让所得或损失。按照《个人所得税法》的规定，财产转让所得，以转让财产的收入额减除财产原值和合理费用后的余额，为应纳税所得额。适用比例税率，税率为 20%。

案例1：某生产制造公司，2020年6月进入注销清算阶段。公司有两位自然人股东甲、乙，其中甲投资占比70%、乙投资占比30%。资产总额1100万元，可变现金额1140万元；负债账面金额390万元，需实际偿还385万元；实收资本600万元，盈余公积122万元，亏损12万元。

其中资产：账面尚余材料、半成品、应收账款、应付账款、固定资产，其中：材料、产成品账面价值400万元，可变现价值460万元；应收账款账面金额200万元，可实际收到190万元；机器类固定资产账面价值500万元，处置价值为490万元。应付账款账面金额90万元，确定可以付出款项85万元；长期应付款300万元，需全部付出。另处置产成品、固定资产需发生相关税费5.5万元；清算期间需发生清算费用2万元；有五年内未弥补的亏损额12万元；以往年度欠缴增值税3.2万元；需结清工资、社保、经济补偿金9万元。资产与负债的计税基础均等于账面价值。

清算过程如下：

清算期：2020年1—6月

资产变现所得：（460-400）+（190-200）+（490-500）=40（万元）

债务清偿所得： 90-85=5（万元）

清算所得：（460-400）+（190-200）+（490-500）+（90-85）-2-5.5-12=25.5（万元）

清算期间应缴企业所得税 =25.5*25%=6.375（万元）

即公司应在注销前，就其清算所得在 60 日内向税务机关申报并依法缴纳企业所得税 6.375 万元。

可向企业所有者分配的剩余财产 =（460+190+490）-2-9-5.5-3.2-6.375-85-300=728.925(万元)

股东甲可以分配的剩余资产 =728.925*70%=510.2475(万元)

股东乙可以分配的剩余资产 =728.925*30%=218.6775(万元)

股息红利所得（累计未分配利润和累计盈余公积）=122-12=110（万元）

股东甲股息红利所得个人所得税 =110*70%*20%=15.40（万元）

股东乙股息红利所得个人所得税 =110*30%*20%=6.60（万元）

投资转让所得 =728.925-600-(122-12)=18.925（万元）

股东甲财产转让所得个人所得税

=18.925*70%*20%=2.6495(万元)

股东乙财产转让所得个人所得税

=18.925*30%*20%=1.1355(万元)

股东甲合计需缴纳个人所得税

=15.40+2.6495=18.0495（万元）

股东乙合计需缴纳个人所得税

=6.60+1.1355=7.7355（万元）

（若该公司在清算时持有房产土地资产，清算处置时还需缴纳土地增值税。）

案例2：某小家电生产制造公司由股东李某、王某二自然人投资，其中李某占比60%，王某占比40%。该公司2020年9月进入清算阶段，其资产的账面价值5700万元，负债的账面价值3300万元，实收资本2000万元，盈余公积800万元，累计亏损400万元，其中未超过可以税前弥补期的是100万元。该企业全部资产可变现价值6960万元，资产的计税基础5900万元，债务清理实际偿还3000万元。企业清算期内支付清算费用80万元，清算过程中发生的相关税费为20万元，支付职工法定补偿金300万元。

清算所得：

（6960−5900）+（3300−3000）−20−80−100=1160（万元）

应交企业所得税=1160×25%=290（万元）

即小家电公司应在注销前，就其清算所得在60日内向税务机关申报并依法缴纳企业所得税290万元。

可向投资者分配的剩余资产=6960−80−300−20−290−

3000=3270（万元）

股东李某可以分配的剩余资产 =3270×60%=1962（万元）

股东王某可以分配的剩余资产 =3270×40%=1308（万元）

股息红利所得（累计未分配利润和累计盈余公积）=800-400=400（万元）

股东李某股息红利所得个人所得税=400×60%×20%=48(万元)

股东王某股息红利所得个人所得税=400×40%×20%=32(万元)

投资转让所得 =3270-2000-400=870（万元）

股东李某财产转让所得个人所得税

=870×60%×20%=104.40（万元）

股东王某财产转让所得个人所得税

=870×40%×20%=69.60（万元）

注销环节 - 股东李某共纳个人所得税

=48+104.4=152.40（万元）

注销环节 - 股东王某共纳个人所得税

=32+69.60=101.60（万元）

案例3：甲公司欠税21.5万元，经多次催缴仍未缴纳。2017年10月，该公司进行破产清算，向市场监管部门申请简易注销，并提交了清算报告。报告中称，企业所有债务已经清偿，公司股东罗某、刘某同时还承诺：“保证企业债务已清偿完毕，并承担由此产生的一切责任。”该公司在市场监管部门办理了注销登记手续。

税务机关认为，虽然该公司已办理注销，但在清算过程中，该公司未经清算并清偿欠税，且出具了内容不真实的清算报告。同时，作为公司股东的罗某、刘某承诺对公司债务承担责任。税务机关遂向罗某、刘某追缴该公司所欠税款。

罗某、刘某认为，当时的承诺是由于公司经营不善，为了尽快注销而做出的。现公司业已注销，没有了法人资格，纳税主体是原甲公司，股东随着公司的注销不再承担法人义务（包括税收债务），向原公司股东追缴欠税不尽合理。

实践中，确实不少公司通过利用公司人格独立和股东“有限责任”的面纱，逃避纳税义务，之后将公司收入全部转入股东个人账户，并在短期内迅速注销公司的法人资格，使得包括税收债务在内的公司债务无法通过法人进行清偿。

笔者认为，从企业主体的实质上看，企业主体的消失并不能豁免原投资者的负税义务。罗某、刘某就是为了规避纳税，尽快注销了公司，属于以合法形式掩盖非法目的。应该刺破公司面纱，由股东罗某、刘某对公司欠缴的税款承担责任，这是行政法上的责任。又因其承诺保证企业债务已清偿完毕，并承担由此产生的一切责任，这是民法上的担保义务。无论从行政法理还是民法的担保义务上看，税务机关仍可向原投资者罗某、刘某追缴欠税。

案例4：（2018）京02行再3号（案号）

2012年5月16日，十三维顾问咨询（北京）有限公司注销。2015年11月27日，稽查局作出《税务行政处罚决定书》对十三维公司2009年1月1日至2011年12月31日之间开具领购方与开具方不符的发票处500,000元罚款，对其少缴企业所得税行为处一倍罚款1,863,638.98元。丁海峰签收文书并缴纳罚款后诉至法院。一审和二审法院认为丁海峰并非行政处罚决定的相对人，也不是行政处罚决定的利害关系人，并非适格原告。后经再审，认定十三维公司已注销，其责任主体资格不复存在，丁海峰作为公司唯一股东，是行政处罚行为的利害关系人，具有提起诉讼的权利，故指令一审法院审理此案。

启示：企业注销后，原企业的股东（而且是唯一的股东）对税务机关作出的涉及企业权益的行政行为不服，该股东可以依法起诉。说明该股东是接收《税务行政处罚决定书》的适格主体，税务稽查局的送达行为无误。即公司注销后遗留的涉税问题必须也只能由其股东承继解决。

案例5：(2019) 冀0283民初1063号

原告周永刚向河北省迁安市人民法院提出诉讼请求：

1. 依法判令被告给付工程款879,010元及利息；2. 依法判令被告承担本案的诉讼费。事实和理由：被告左治荣、王一霖原系安阳市朝阳建筑劳务有限责任公司的股东，安阳市朝阳建筑劳务有限责任公司于2016年6月12日注销；被告北京国泰建设集团有限公司承包了迁安市南区农民集中住宅建设工程，2012年9月，被告北京国泰建设集团有限公司将工程部分发包给安阳市朝阳建筑劳务有限责任公司，安阳市朝阳建筑劳务有限责任公司又将其承包的13某、23某、A19某、220某及地下车库模板支拆项目分包给原告施工，原告依据合同完成了工程，并验收合格交付使用；2015年6月，经结算被告尚欠工程款879,010元至今未给付，原告的合法权益被侵害，为维护原告的合法权益，依法提起诉讼，请求支持原告的诉讼请求。因北京国泰建设集团有限公司于2016年6月已注销，故原告在立案受理后，于庭前撤回对北京国泰建设集团有限公司的起诉，未违反法律规定，法院予以准许。

被告王一霖、左治荣辩称，1. 被告早在2004年4月1日向安阳市朝阳建筑劳务有限责任公司实际出资150万元（其中王一霖100万元，左治荣50万元），已经完成了对公司的出资义务，故原告无权再向被告主张股东责任；2. 2016年6月3日，安阳市朝阳建筑劳务有限责任公司注销清算时，就债权债务申报事宜进行了公告，但原告并未向清算组申报债权，故原告因重大过失未申报债权，现其向被告主张权利，于法无据。

经法院审理查明，安阳朝阳公司始建于2004年4月13日，投资人为王一霖（曾用名王越临）出资100万元人民币持股66.7%和左治荣出资50万元人民币持股33.3%。股东没有变更，公司于2016年6月12日经投资人决议解散注销。2015年6月12日出具了余下未支付工程款数额为879,010元的清单，应当参照双方的承包协议约定支付余款。法院认为，虽然安阳朝阳公司已经注销，股东已足额出资，但按照法律规定，公司清算时清算组应将公司解散清算事宜书面通知全体债权人，二被告成立的清算组并未向原告履行书面通知的义务，给原告造成了重大的损失；也没有按照法律规定将公司解散清算事宜根据公司规模和营业地域、业务范围在相应区域发行的报刊上进行公告，本案被告成立的清算组虽将债权申报的公告刊登在《河南经济报》，因其公司业务范围已超过其注册地河南省的地域范围，本案涉案工程地域为河北省，被告成立的安阳朝阳公司的建筑业务已发展到其注册地的省外，理应在全国发行的报刊上公告刊登，故其属于清算组履行通知和公告义务不全面，清算程序违法，因此导致原告作为债权人未及时申报债权而未获清偿。所以原告主张二被告作为清算组成员、公司的出资人股东，应当对其债权未获清偿而受到的损失承担赔偿责任于法有据。故判决被告王一霖、左治荣于本判决生效后十日内向原告周永刚支付赔偿款（原安阳朝阳公司所欠工程款）人民币879,010元及利息（自2014年7月31日起按中国人民银行同期同类贷款利率计息）。

启示：公司未全面履行清算的各项义务，给债权人造成了重大损失的，即使其注销后，其清算组成员、公司的股东，仍应当对债权人未获清偿而受到的损失承担赔偿责任。

第九章 风险分析及实践应用——经营中的涉税刑事风险

一、涉税刑事规定

《中华人民共和国刑法》第六节规定了危害税收征管罪，从自然人股东身份来说，常见的涉税罪名有：

第二百零一条，【逃税罪】纳税人采取欺骗、隐瞒手段进行虚假纳税申报或者不申报，逃避缴纳税款数额较大并且占应纳税额百分之十以上的，处三年以下有期徒刑或者拘役，并处罚金；数额巨大并且占应纳税额百分之三十以上的，处三年以上七年以下有期徒刑，并处罚金。

第二百零二条，【抗税罪】以暴力、威胁方法拒不缴纳税款的，处三年以下有期徒刑或者拘役，并处拒缴税款一倍以上五倍以下罚金；情节严重的，处三年以上七年以下有期徒刑，并处拒缴税款一倍以上五倍以下罚金。

第二百零三条，【逃避追缴欠税罪】纳税人欠缴应纳税款，采取转移或者隐匿财产的手段，致使税务机关无法追缴欠缴的税款，数额在一万元以上不满十万元的，处三年以下有期徒刑或者拘役，并处或者单处欠缴税款一倍以上五倍以下罚金；数额在十万元以上的，处三年以上七年以下有期徒刑，并处欠缴税款一倍以上五倍以下罚金。

第二百零四条，【骗取出口退税罪】【逃税罪】以假报出口或者其他欺骗手段，骗取国家出口退税款，数额较大的，处五年以下有期徒刑或者拘役，并处骗取税款一倍以上五倍以下罚金；数额巨大或者有其他严重情节的，处五年以上十年以下有期徒刑，并处骗取税款一倍以上五倍以下罚金；数额特别巨大或者有其他特别严重情节的，处十年以上有期徒刑或者无期徒刑，并处骗取税款一倍以上五倍以下罚金或者没收财产。

第二百零五条，【虚开增值税专用发票、用于骗取出口退税、抵扣税款发票罪】

单位犯本条规定之罪的，对单位判处罚金，并对其直接负责的主管人员和其他直接责任人员，处三年以下有期徒刑或者拘役；虚开的税款数额较大或者有其他严重情节的，处三年以上十年以下有期徒刑；虚开的税款数额巨大或者有其他特别严重情节的，处十年以上有期徒刑或者无期徒刑。

虚开增值税专用发票或者虚开用于骗取出口退税、抵扣税款的其他发票，是指有为他人虚开、为自己虚开、让他人为自己虚开、介绍他人虚开行为之一的。

第二百零五条之一，【虚开发票罪】虚开本法第二百零五条规定以外的其他发票，情节严重的，处二年以下有期徒刑、拘役或者管制，并处罚金；情节特别严重的，处二年以上七年以下有期徒刑，并处罚金。

单位犯前款罪的，对单位判处罚金，并对其直接负责的主管人员和其他直接责任人员，依照前款的规定处罚。

单位犯本条规定之罪的，对单位判处罚金，并对其直接负责的主管人员和其他直接责任人员，处三年以下有期徒刑、拘役或者管制；数量较大或者有其他严重情节的，处三年以上十年以下有期徒刑；数量巨大或者有其他特别严重情节的，处十年以上有期徒刑或者无期徒刑。

第二百零七条，【非法出售增值税专用发票罪】非法出售增值税专用发票的，处三年以下有期徒刑、拘役或者管制，并处二万元以上二十万元以下罚金；数量较大的，处三年以上十年以下有期徒刑，并处五万元以上五十万元以下罚金；数量巨大的，处十年以上有期徒刑或者无期徒刑，并处五万元以上五十万元以下罚金或者没收财产。

第二百零八条，【非法购买增值税专用发票、购买伪造的增值税专用发票罪】非法购买增值税专用发票或者购买伪造的增值税专用发票的，处五年以下有期徒刑或者拘役，并处或者单处二万元以上二十万元以下罚金。

【虚开增值税专用发票罪，出售伪造的增值税专用发票罪，非法出售增值税专用发票罪】非法购买增值税专用发票或者购买伪造的增值税专用发票又虚开或者出售的，分别依照本法第二百零五条、第二百零六条、第二百零七条的规定定罪处罚。

第二百一十条之一，【持有伪造的发票罪】明知是伪造的发票而持有，数量较大的，处二年以下有期徒刑、拘役或者管制，并处罚金；数量巨大的，处二年以上七年以下有期徒刑，并处罚金。

单位犯前款罪的，对单位判处罚金，并对其直接负责的主管人员和其他直接责任人员，依照前款的规定处罚。

第二百一十一条 【单位犯危害税收征管罪的处罚规定】单位犯本节第二百零一条、第二百零三条、第二百零四条、第二百零七条、第二百零八条、第二百零九条规定之罪的，对单位判处罚金，并对其直接负责的主管人员和其他直接责任人员，依照各条的规定处罚。

二、案例分析

案例1：（2012）朝刑初字第1764号（一审案号）

崔京兵，原北京广力博通策划有限公司股东、法定代表人，在没有真实业务发生的情况下，以自己担任法定代表人的北京广力博通策划有限公司为收款单位，为他人虚开北京市服务业、娱乐业、文化体育业专用发票3张（票面金额达人民币80.55万元）。2012年3月14日，在北京市朝阳区三元桥内环辅路月山日本料理餐馆门前路边，被告人崔京兵向与北京广力博通策划有限公司无任何交易事项的魏某开具虚假交易内容的北京市服务业、娱乐业、文化体育业专业发票3张（经鉴定均为真发票），票面金额分别为100,500元、405,000元、300,000元，并约定交易费用为16,000元。民警当场起获被告人崔京兵持有的三星手机1部，并在对被告人崔京兵住所进行搜查的过程中起获松下牌打印机1台、公司印章1枚、税控器1台及空白的北京市文化体育业专用发票31张。

提出公诉后，北京市朝阳区人民检察院认为，在本案中，被告人崔京兵明知自己单位与他单位没有实际贸易，仍然为他人虚开发票，应当以虚开发票罪追究其刑事责任，因此，以京朝检刑诉〔2012〕1378号起诉书指控被告人崔某犯虚开发票罪，于2012年6月6日向北京市朝阳区人民法院提起公诉。

北京市朝阳区人民法院经审理后认为：被告人崔京兵实施犯罪行为时明知自己单位与他单位没有实际贸易仍然为他人虚开发票，具有实施犯罪的直接故意。崔京兵任法人的北京广力博通策划有限公司具有从税务机关领取发票的主体资格，但其在与涉案发票显示的两单位没有货物购销或服务交易的前提下，仍为他人虚假开具发票并从中牟取利益，客观上侵犯了国家的发票管理秩序和税收秩序，应当认定为虚开发票罪。据此，北京市朝阳区人民法院以被告人崔京兵犯虚开发票罪，判处其拘役 4 个月，罚金 2 万元。宣判后，被告人未提出上诉，判决已生效。

启示：明知自己单位与他单位没有实际贸易仍然为他人虚开发票，触犯的是虚开发票罪，将根据虚开的发票份数、金额决定量刑。

案例 2：江苏 A 建设有限公司（以下简称“A 公司”）等 7 家公司均为民营企业，经营建筑工程相关业务。许某等 7 人分别是以上 7 家公司的股东兼负责人，分别于 2018 年 4 月 25 日至 5 月 2 日被取保候审。

2011 年至 2015 年，陈某在经营昆山 B 置地有限公司、昆山 C 房地产开发有限公司、昆山市 D 房产开发有限公司（陈某及以上 3 家公司另案处理）期间，在开发“某花园”等房地产项目过程中，为虚增建筑成本，偷逃土地增值税、企业所得税，在无真实经营业务的情况下，以支付 6% ~ 11% 开票费的方式，要求 A 公司等 7 家工程承揽企业为其虚开建筑业统一发票、增值税普通发票，虚开金额共计 3 亿余元。应陈某要求，为顺利完成房地产工程建设、方便结算工程款，A 公司等 7 家企业先后在承建“某花园”等房地产工程过程中为陈某虚开发票，使用陈某支付的开票费缴纳全部税款及支付相关费用。许某等 7 人在公安机关立案前投案自首，主动上缴违法所得、缴纳罚款。江苏省苏州市公安局直属分局2018年4月20日以涉嫌虚开发票罪对A公司等7家涉案公司立案侦查，5月23日分别向昆山市人民检察院移送审查起诉。

昆山市人民检察院经审查认为，A公司等7家公司及许某等7人实施了刑法第二百零五条之一规定的虚开发票行为，具有自首、坦白等法定从轻或减轻处罚情节，没有在虚开发票过程中偷逃税款，案发后均积极上缴违法所得、缴纳罚款，在犯罪中处于从属地位，系陈某利用项目发包、资金结算形成的优势地位要求其实施共同犯罪，具有被动性。依据刑事诉讼法第一百七十七条第二款规定，昆山市人民检察院于2018年12月19日对A公司等7家公司及许某等7人作出不起诉决定。同时，对陈某及其经营的3家公司以虚开发票罪依法提起公诉。

启示：法院在裁判时对于民营企业经营者，充分考虑企业在上下游经营活动中的地位，为促进民营企业恢复正常生产经营活动，维护企业员工就业和正常生活。对主观恶性较大的，应当依法追究刑事责任，维护合法经营、公平竞争的市场环境。

案例3：浙江润海工程设计咨询有限公司、海南省海洋与渔业科学院、林斌群等虚开发票罪一审公诉机关指控：

1. 2009 年 6 月至 2014 年 6 月，被告人林斌群（股东）在经营原宁波碧海海洋科技咨询有限公司期间，在与宁波江北鸿创科技咨询有限公司无实际业务的情况下，由财务负责人被告人郑冬具体操作，通过方晓东（已判刑）介绍，以支付 9% 开票费的方式，取得宁波江北鸿创科技咨询有限公司手写发票、通用机打发票、增值税普通发票共 23 份，价税合计人民币 2,250,000 元。其中，2011 年 5 月 1 日后取得虚开发票共 18 份，价税合计人民币 1,750,000 元。

2014 年 9 月 26 日，宁波碧海海洋科技咨询有限公司更名为浙江润海工程设计咨询有限公司。2014 年 12 月至 2018 年 2 月，被告人林斌群在经营浙江润海工程设计咨询有限公司期间，由被告人郑冬具体操作，以上述同样方式，取得宁波江北鸿创科技咨询有限公司增值税普通发票共 50 份，价税合计人民币 4,195,000 元。

2. 2009 年 1 月至 2015 年 12 月，被告人林斌群（股东）在经营原海南省海洋开发规划设计研究院宁波分院期间，由被告人郑冬具体操作，以上述同样方式，取得宁波江北鸿创科技咨询有限公司手写发票、通用机打发票、增值税普通发票共 126 份，价税合计人民币 16,304,000 元。其中，2011 年 5 月 1 日后取得虚开发票共 105 份，价税合计人民币 12,014,000 元。2019 年 1 月 4 日，海南省海洋开发规划设计研究院宁波分院更名为海南省海洋与渔业科学院（海南省海洋开发规划设计研究院）宁波分院。

案发后，被告单位浙江润海工程设计咨询有限公司、海南省海洋与渔业科学院（海南省海洋开发规划设计研究院）宁波分院分别补缴税款人民币864,201.42元、2,098,530.81元。2020年8月10日，被告人林斌群、郑冬在广东省珠海市拱北口岸向宁波市××队投案，并如实供述了自己的犯罪事实。

公诉机关认为，被告单位浙江润海工程设计咨询有限公司、海南省海洋与渔业科学院（海南省海洋开发规划设计研究院）宁波分院、被告人林斌群、郑冬均构成虚开发票罪，且情节特别严重。鉴于各被告单位、被告人均自愿认罪认罚，建议：判处被告单位浙江润海工程设计咨询有限公司罚金人民币一百万元；判处被告单位海南省海洋与渔业科学院（海南省海洋开发规划设计研究院）宁波分院罚金人民币二百万元；判处被告人林斌群有期徒刑二年六个月，缓刑三年六个月，并处罚金人民币三万元；判处被告人郑冬有期徒刑二年，缓刑三年，并处罚金人民币三万元。

法院查明事实后，判决如下：

一、被告单位浙江润海工程设计咨询有限公司犯虚开发票罪，判处罚金人民币一百万元。（罚金限于本判决生效后五日内缴纳）

二、被告单位海南省海洋与渔业科学院（海南省海洋开发规划设计研究院）宁波分院犯虚开发票罪，判处罚金人民币二百万元。（罚金限于本判决生效后五日内缴纳）

三、被告人林斌群（股东）犯虚开发票罪，判处有期徒刑二年六个月，缓刑三年六个月，并处罚金人民币三万元。（缓刑考验期限，从判决确定之日起计算。罚金限于本判决生效后五日内缴纳）

四、被告人郑冬（财务负责人）犯虚开发票罪，判处有期徒刑二年，缓刑三年，并处罚金人民币三万元。（缓刑考验期限，从判决确定之日起计算。罚金限于本判决生效后五日内缴纳）

启示：上述案例中，被告人林斌群（股东）、郑冬（财务负责人）作为上述单位直接负责的主管人员和直接责任人员，其行为均构成虚开发票罪，且系共同犯罪。林斌群为两家被告单位的股东、经营者，郑冬是财务负责人。两人投案自首且有悔罪表现，两单位全额补缴了税款，故对林斌群、郑冬酌情从轻处罚，判了缓刑，未判实刑。林斌群作为股东、实际经营者，被判处有期徒刑二年六个月，然后缓刑；郑冬作为财务负责人，被判处有期徒刑二年，然后缓刑。虽然郑冬是具体操作者，但股东林斌群的刑事责任仍然重于财务负责人。

第二专题
法人单位股东

第十章 风险分析及实践应用——出资阶段

一、税收法律规定

1. 企业所得税

《财政部 国家税务总局关于非货币性资产投资企业所得税政策问题的通知》财税〔2014〕116号。

一、居民企业（以下简称企业）以非货币性资产对外投资确认的非货币性资产转让所得，可在不超过5年期限内，分期均匀计入相应年度的应纳税所得额，按规定计算缴纳企业所得税。

二、企业以非货币性资产对外投资，应对非货币性资产进行评估并按评估后的公允价值扣除计税基础后的余额，计算确认非货币性资产转让所得。企业以非货币性资产对外投资，应于投资协议生效并办理股权登记手续时，确认非货币性资产转让收入的实现。

财税〔2016〕36号文第四十四条规定，其计税价格是按照纳税人、其他纳税人同类不动产均价或组成计税价格确定。企业对外投资无销售额，一般是以经评估后的公允价值作为计税依据。

假设一家公司，股东投资情况如表 10-1 所示：

表 10-1

股东	股东身份	资产原值(万元)	评估出资额(万元)	出资比例	出资方式
A	法人股东	1，200.00	1，500.00	50%	房屋
B	法人股东	1，000.00	1，000.00	33%	货币
C	自然人股东	450.00	500.00	17%	材料

则对于法人股东 A 与 B 来说，需要注意的风险有：

股东 A 投入的房屋的评估价格是否公允？即其出资是否足额？房屋是否为股东 A 实际拥有？扣除的计税基础是否真实可靠？房屋是否已转给公司使用？房屋的所有权转移手续是否依法办理？是否就该项非货币资产投资行为缴纳了企业所得税？是否缴纳了增值税？是否需要缴纳土地增值税？

股东 B 的货币是否已注入公司账户？股东 B 以货币投资，如果已实际缴纳，则无风险。

案例 1：2010 年 10 月 18 日，国有企业沈阳重型冶矿机械制造公司四厂（以下简称沈重四厂）与民营企业沈阳北重冶矿电站设备研制有限公司（以下简称北重公司）签订了一份《合资合作协议书》，其中约定：沈重四厂将五座厂房、办公楼评估作价后以固定资产方式入股到北重公司，所占投资比例为 45%；另有五个自然人以货币出资 350 万元，占北重公司股份的55%；股东按照各自投资比例进行利益分红。沈重四厂的五处出资房产，经评估入股后归属北重公司，想着具备一定条件时再办理产权变更手续。但是之后沈重四厂一直未将出资房产过户至北重公司名下，北重公司诉至法院，要求沈重四厂履行出资义务。

辽宁省沈阳市皇姑区人民法院一审认为：本案争议焦点在于沈重四厂是否已履行出资义务？本案中，沈重四厂虽然将出资厂房交付北重公司使用，但未办理房产变更手续，沈重四厂未履行完出资义务，构成违约，应向北重公司履行出资义务。沈重四厂上诉后，沈阳市中级人民法院判决驳回上诉、维持原判。

此案例说明，以房地产投资入股，除移交管理使用外，还需依法办理产权变更手续。

2. 增值税

《中华人民共和国增值税暂行条例实施细则》第四条单位或者个体工商户的下列行为，视同销售货物：（六）将自产、委托加工或者购进的货物作为投资，提供给其他单位或者个体工商户。

财税〔2009〕36号文第十条规定，销售服务、无形资产或者不动产，是指有偿提供服务、有偿转让无形资产或者不动产；第十一条规定，有偿，是指取得货币、货物或者其他经济利益。法人单位将不动产对外投资取得被投资方的股权，属于有偿取得了其他经济利益，因此，企业不动产投资属于增值税的应税范围。

第四十四条规定，其计税价格是按照纳税人、其他纳税人同类不动产均价或组成计税价格确定。企业对外投资无销售额，一般是以经评估后的公允价值作为计税依据。

即上述法人股东 A 以房屋出资，应按公允价值 1,500.00 万元作为计税依据计算申报增值税。

3. 土地增值税

《财政部、国家税务总局关于土地增值税一些具体问题规定的通知》（财税字〔1995〕48 号）第一条规定，对于以房地产进行投资、联营的，投资、联营的一方以土地（房地产）作价入股进行投资或作为联营条件，将房地产转让到所投资、联营的企业中时，暂免征收土地增值税。对投资、联营企业将上述房地产再转让的，应征收土地增值税。

同时，根据《财政部、国家税务总局关于土地增值税若干问题的通知》（财税〔2006〕21 号）规定，对于以土地（房地产）作价入股进行投资或联营的，凡所投资、联营的企业从事房地产开发的，或者房地产开发企业以其建造的商品房进行投资和联营的，均不适用财税字〔1995〕48 号文件第一条暂免征收土地增值税的规定。

《财政部 税务总局关于继续实施企业改制重组有关土地增值税政策的通知》（财税〔2009〕57 号）第四项规定，

单位、个人在改制重组时以房地产作价入股进行投资，对其将房地产转移、变更到被投资的企业，暂不征土地增值税。

法人单位股东在出资阶段，出资形式不同决定了涉及税种的不同，总结如表 10-2 所示：

表 10-2

出资形式 涉及税种	企业 所得税	增值税 及附加	土地增值税
货币资金	不涉及	不涉及	不涉及
材料、商品等	涉及	涉及	不涉及
房屋、土地	涉及	涉及	投资或被投资其中一方为房地产开发企业的则涉及；其他企业暂不征收。改制重组时以房地产作价入股的暂不征收
无形资产	涉及	涉及	不涉及

二、可能涉及的民事责任

《中华人民共和国公司法》第二十七条第一款规定，股东可以用货币出资，也可以用实物、知识产权、土地使用权等可以用货币估价并可以依法转让的非货币财产作价出资；但是，法律、行政法规规定不得作为出资的财产除外。

第二十八条，股东应当按期足额缴纳公司章程中规定的各自所认缴的出资额。股东以货币出资的，应当将货币出资足额存入有限责任公司在银行开设的账户；以非货币财产出资的，应当依法办理其财产权的转移手续。

股东不按照前款规定缴纳出资的，除应当向公司足额缴纳外，还应当向已按期足额缴纳出资的股东承担违约责任。

案例 2：海信科龙电器股份有限公司与武汉市万欣机械有限公司承揽合同纠纷上诉案——知识产权出资的若干问题［（2009）武民商终字第 1355 号］

2004 年 2 月，被告海信科龙电器股份有限公司（以下简称海信科龙公司）通过股权转让及增加注册资本取得被告西安科龙制冷有限公司(以下简称西安科龙公司)60%的股权，成为控股股东，认缴新增注册资本人民币 5,058 万元。增资协议约定技术、专利等无形资产的使用权出资人民币 4,315 万元，占注册资本比例的 21.36%。经评估，两项专利价值为 5,365.63 万元，评估报告自评估基准日起 1 年内有效。经验资，专利技术出资为人民币 4，315 万元，海信科龙公司向工商部门作出书面承诺，承诺在 2005 年 3 月 10 日前补齐其专利出资认可的相关资料，但其并未在上述期限内办理无形资产转让专利部门审批手续。二审中，海信科龙公司提交了国家知识产权局出具的手续合格通知书，证实用以出资的两项专利分别于 2007 年 9 月 21 日和 28 日变更到西安科龙公司名下。

2006 年 6 月，原告武汉市万欣机械有限公司（以下简称万欣公司）承揽被告西安科龙公司加工业务。2006 年 8

月22日至2007年4月期间，被告西安科龙公司欠定做款人民币1，190，632.40元。2007年6月，西安科龙公司停产，原告尚有已生产的60余万元货物未能交付。

原告万欣公司起诉请求判令被告西安科龙公司支付所欠定做款119万余元，并承担延期付款违约金、赔偿损失90余万元；被告海信科龙公司在出资不实范围内对被告西安科龙公司的上述债务承担清偿责任。被告海信科龙公司认为其出资到位，与原告没有债权债务关系，不应承担责任。

湖北省武汉市蔡甸区人民法院一审认为，原告万欣公司承揽被告西安科龙公司零部件加工业务，系双方真实意思表示，构成承揽法律关系，未违反法律、行政法规的强制性规定，合法有效。被告西安科龙公司应支付所欠定做款并承担延期付款违约金、赔偿损失合计人民币180万余元。依照《公司法》第二十八条“股东应当按期足额缴纳公司章程中规定的各自所认缴的出资额。股东以货币出资的，应当将货币出资足额存入有限责任公司在银行开设的账户；以非货币财产出资的，应当依法办理其财产权的转移手续”的规定，以知识产权出资的股东，应当将出资的知识产权评估作价后，依法办理权属变更手续，向公司转让专有权利。本案被告海信科龙公司协议以专利使用权出资入股，但专利使用权只是专利权的一部分，与该法规定不符。同时，涉诉两项专利的评估价值是对专利权价值的评估，从办理工商登记的资料显示，应认定海信科龙公司是以专利权出资。本案被告海信科龙公司未在专利行政主管部门办理专利权转让的相关审批登记手续，故海信科龙公司对被告西安科龙公司的出资不实，属于滥用公司股东权利、公司法人独立地位和股东有限责任，逃避债务，严重损害公司债权人利益的行为，应在出资不实的范围内对西安科龙公司的债务承担连带清偿责任。

被告海信科龙公司不服一审判决，上诉至武汉市中级人民法院。二审中，三方当事人达成调解协议，由海信科龙公司向万欣公司清偿债务，三方债务了结。

启示：股东用以出资的知识产权，必须依法可以转让，评估作价后在专利行政部门办理知识产权转让审批手续。未办理转让手续，应认定为出资不实，股东需在出资不实的范围内对公司债务承担连带清偿责任。

案例3：C系B公司股东。B公司增资扩股时，C以其从D公司受让的注册商标作为非货币财产出资，得到工商部门的批准认可，但未办理转让登记手续。B公司一直使用该商标。其后，A公司与B公司先后签订了三份加工合同，在A公司履行了加工义务后B公司一直未付加工费。后，A公司诉至法院，请求B公司支付欠款，并主张C以商标权作为非货币财产出资，虽经过工商部门核准登记，C因为商标权出资不实，应在其出资不实范围内对B公司的外债承担补充责任。

法院认为：B公司拖欠A公司加工费属实，现A公司起诉要求其支付加工费之请求符合法律规定，应予支持。C作为B公司的股东，其以从D公司受让的商标权作为非货物财产出资，虽经验资机构确认并报工商管理机关核准登记，且B公司实际使用所涉商标至今，但由于C未依法办理其财产权的转移手续，违反了《公司法》第二十八条关于“以非货币财产出资的，应当依法办理其财产权的转让手续”之规定，因此依法认定C以涉案商标权出资构成出资不实。C应在其出资不实范围内对B公司的对外债务承担补充责任。

启示：1. 股东在缴纳各自出资时，不得有瑕疵。2. 股东以知识产权出资未办转移手续，受让人对该知识产权没有处分权。3. 股东出资有瑕疵必须承担责任：向已足额出资的股东承担违约责任、并在其出资不实范围内对外债务承担补充责任。

另，我国目前对知识产权出资股东责任采取的是无过错责任理论，一旦发生知识产权出资权利贬损现象，该出资股东将承担无期限限制的补足责任。应建立知识产权出资股东过错责任制度，严格知识产权出资评估程序，股东以知识产权出资时存在主观上的过错才对知识产权的贬损承担补足责任，其他股东承担连带责任，否则将不承担责任。如在公司章程、出资协议中作技术层面的约定，可以约定知识产权出资股东在一定期限内、超过一定幅度出现知识产权贬损时承担违约责任。

第十一章　风险分析及实践应用——股东与公司互相拆借资金时

企业间拆借、占用资金在关联企业间很多，无偿占用资金经常发生，尤其是法人股东与被投资公司之间的互相占用情况相当普遍。随之而来，税企之间就无偿占用资金是否需调整应纳税所得额也就有了争议。

案例：某公司注册资金5000万元，于2015年1月与B公司共同投资1000万元设立C公司。其中，A公司投资600万元，占60%的股份。2016年1月，A公司将自有资金2000万元无偿提供给C公司使用，当年C公司没有反映支付利息情况，A公司没有收取利息记录，也没有申报缴纳企业所得税。A、B、C公司均为非金融企业，注册在同一城市，企业所得税税率相同，银行同期贷款利率为6.93%。税务机关认为，虽然A公司未收取利息，但应根据税法规定调整其应纳税所得额，税企双方于是产生争议。

税务机关观点：根据企业所得税法的规定，企业与其关联方之间的业务往来，不符合独立交易原则而减少企业或者其关联方应纳税收入或者所得额的，税务机关有权按照合理方法调整。因为关联企业一方将资金无偿提供给另一方使用，从表面上看，一方没有取得任何经济利益，但是由于关联关系的存在，使得此项交易不符合独立交易原则。提供资金作为一种融资服务，关联企业一方要按独立企业收取利息，开具发票并依法纳税，另一方符合条件的利息支出可作为成本、费用税前列支。一般情况下，按照金融企业同期同类贷款利率，也就是采取“可比非受控价格法”核定。A 公司 2016 年应核定利息收入 138.6 万元（2000×6.93%）。

A 公司观点：税务机关在进行境内关联交易调整时，由于一方调整收入的同时，允许另一方调整支出进行税前扣除，将对双方的税收产生影响，当关联交易双方的调整不增加应纳税所得额和应纳税额时，一般不进行纳税调整。如上例，2016 年增加 A 公司应纳税所得额 138.60 万元的同时，会减少 C 公司应纳税所得额 138.60 万元，如双方的税负相等，则总体税收不会增加，这种情况下则不进行关联方的纳税调整。

笔者观点：赞同 A 公司的观点。因为按照税务局的说法，关联企业间一方调整收入的同时，另一方需要相应调整利息支出，两者实际税负又相同，也就是说总体上没有减少国家税收，因此不需调整。

一、第一种情况 法人股东无偿借款给公司

（一）企业所得税

法人股东无偿借款给公司，税法上没有明确视同销售的规定。但根据企业所得税法的规定，企业与其关联方之间的业务往来，不符合独立交易原则而减少企业或者其关联方应纳税收入或者所得额的，税务机关有权按照合理方法调整。

因此，税务机关认为，关联企业一方将资金无偿提供给另一方使用，从表面上看，一方没有取得任何经济利益，但是由于关联关系的存在，使得此项交易不符合独立交易原则。提供资金作为一种融资服务，关联企业一方要按独立企业收取利息，开具发票并依法纳税，另一方符合条件的利息支出可作为成本、费用税前列支。

国税发〔2009〕2 号文件其实是对关联企业间资金的无偿占用是否要核定征收企业所得税的一个重大突破。关联企业间如果是自有资金或不需要支付利息的资金，只要实际税负相同，则可以无偿占用，不进行纳税调整。

根据企业所得税法规定，企业向股东借款利息符合以下条件的可以税前扣除：

1. 借款金额与权益性投资比例不超过 2:1（金融企业为 5:1）；

2. 利率不超过同期银行贷款利率。

（1）企业向股东或其他与企业有关联关系的自然人借款的利息支出，应根据《中华人民共和国企业所得税法》（以下简称税法）第四十六条及《财政部、国家税务总局关于企业关联方利息支出税前扣除标准有关税收政策问题的通知》（财税〔2008〕121号）规定的条件，计算企业所得税扣除额。

（2）企业向除第一条规定以外的内部职工或其他人员借款的利息支出，其借款情况同时符合以下条件的，其利息支出在不超过按照金融企业同期同类贷款利率计算的数额的部分，根据税法第八条和税法实施条例第二十七条规定，准予扣除。

①企业与个人之间的借贷是真实、合法、有效的，并且不具有非法集资目的或其他违反法律、法规的行为；

②企业与个人之间签订了借款合同。

即法人股东无偿借款给公司，如果是自有资金或不需要支付利息的资金，只要实际税负相同，则可以无偿占用，不进行纳税调整；如法人股东有偿借款给公司，需符合债资比的要求，且利息支出不超过金融企业同期同类贷款利率计算的数额可以所得税前扣除。

（二）增值税

《财政部 国家税务总局关于全面推开营业税改征增值税试点的通知》（税〔2016〕36号）附件1：《营业税改征增值税试点实施办法》第十四条规定，下列情形视同销售服务、无形资产或者不动产：单位或者个体工商户向其他单位或者个人无偿提供服务，但用于公益事业或者以社会公众为对象的除外。

即单位或者个体工商户向其他单位或者个人无偿提供服务，但用于公益事业或者以社会公众为对象的除外。依据上述规定，企业无偿借款给个人，应视同销售，按贷款服务缴纳增值税，同时应缴纳附加税费。

如法人股东无偿借款给公司，属于向公司提供“贷款服务”，需视同销售缴纳增值税，同时应缴纳附加税费。

二、第二种情况 公司无偿借款给法人股东

（一）企业所得税

与第一种情况类似，根据国税发〔2009〕2号文件精神，关联企业间如果是自有资金或不需要支付利息的资金，只要实际税负相同，则可以无偿占用，不进行纳税调整。

即用本公司自有资金向法人单位股东无偿借出资金，无须缴纳企业所得税。如对外借款承担利息支出后，再向法人单位股东无偿借出资金的，则需视同销售缴纳企业所

得税。

（二）增值税

《财政部 国家税务总局关于全面推开营业税改征增值税试点的通知》（财税〔2016〕36号）附件1：《营业税改征增值税试点实施办法》第十四条规定，下列情形视同销售服务、无形资产或者不动产：单位或者个体工商户向其他单位或者个人无偿提供服务，但用于公益事业或者以社会公众为对象的除外。

公司向法人股东提供“贷款服务”须视同销售缴纳增值税。

第十二章　风险分析及实践应用——分配股息红利时

一、相关法律政策规定

《中华人民共和国企业所得税法》第六条，企业以货币形式和非货币形式从各种来源取得的收入，为收入总额。包括：（四）股息、红利等权益性投资收益。第二十六条，企业的下列收入为免税收入：（二）符合条件的居民企业之间的股息、红利等权益性投资收益。

《中华人民共和国企业所得税法实施条例》第十七条，企业所得税法第六条第（四）项所称股息、红利等权益性投资收益，是指企业因权益性投资从被投资方取得的收入。股息、红利等权益性投资收益，除国务院财政、税务主管部门另有规定外，按照被投资方作出利润分配决定的日期确认收入的实现。第八十三条，企业所得税法第二十六条第（二）项所称符合条件的居民企业之间的股息、红利等权益性投资收益，是指居民企业直接投资于其他居民企业取得的投资收益。企业所得税法第二十六条第（二）项和第（三）项所称股息、红利等权益性投资收益，不包括连续持有居民企业公开发行并上市流通的股票不足12个月取得的投资收益。

《国家税务总局关于简化判定中国居民股东控制外国企业所在国实际税负的通知》（国税函〔2009〕37号）明确：中国居民企业或居民个人能够提供资料证明其控制的外国企业设立在美国、英国、法国、德国、日本、意大利、加拿大、澳大利亚、印度、南非、新西兰和挪威的，可免于将该外国企业不做分配或者减少分配的利润视同股息分配额，计入中国居民企业的当期所得。

《国家税务总局关于非居民企业取得B股等股票股息征收企业所得税问题的批复》（国税函〔2009〕394号）在中国境内外公开发行、上市股票（A股、B股和海外股）的中国居民企业，在向非居民企业股东派发2008年及以后年度股息时，应统一按10%的税率代扣代缴企业所得税。非居民企业股东需要享受税收协定待遇的，依照税收协定执行的有关规定办理。

《国家税务总局关于企业股权投资损失所得税处理问题的公告》（国家税务总局公告2010年第6号）

一、企业对外进行权益性（以下简称股权）投资所发生的损失，在经确认的损失发生年度，作为企业损失在计算企业应纳税所得额时一次性扣除。

《国家税务总局关于贯彻落实企业所得税法若干税收问题的通知》（国税函〔2010〕79 号）

四、关于股息、红利等权益性投资收益收入确认问题

企业权益性投资取得股息、红利等收入，应以被投资企业股东会或股东大会作出利润分配或转股决定的日期，确定收入的实现。

被投资企业将股权（票）溢价所形成的资本公积转为股本的，不作为投资方企业的股息、红利收入，投资方企业也不得增加该项长期投资的计税基础。

《财政部 国家税务总局 证监会关于沪港股票市场交易互联互通机制试点有关税收政策的通知》（财税〔2014〕81 号）规定，1. 对内地企业投资者通过沪港通投资香港联交所上市股票取得的股息红利所得，计入其收入总额，依法计征企业所得税。其中，内地居民企业连续持有 H 股满 12 个月取得的股息红利所得，依法免征企业所得税。2. 香港联交所上市 H 股公司应向中国结算提出申请，由中国结算向 H 股公司提供内地企业投资者名册，H 股公司对内地企业投资者不代扣股息

红利所得税款，应纳税款由企业自行申报缴纳。3. 内地企业投资者自行申报缴纳企业所得税时，对香港联交所非H股上市公司已代扣代缴的股息红利所得税，可依法申请税收抵免。

《财政部 国家税务总局 证监会关于深港股票市场交易互联互通机制试点有关税收政策的通知》（财税〔2016〕127号）规定，1. 对内地企业投资者通过深港通投资香港联交所上市股票取得的股息红利所得，计入其收入总额，依法计征企业所得税。其中，内地居民企业连续持有H股满12个月取得的股息红利所得，依法免征企业所得税。2. 香港联交所上市H股公司应向中国结算提出申请，由中国结算向H股公司提供内地企业投资者名册，H股公司对内地企业投资者不代扣股息红利所得税款，应纳税款由企业自行申报缴纳。3. 内地企业投资者自行申报缴纳企业所得税时，对香港联交所非H股上市公司已代扣代缴的股息红利所得税，可依法申请税收抵免。

《财政部、国家税务总局关于全面推开营业税改征增值税试点的通知》（财税〔2016〕36号）附件1：《营业税改征增值税试点实施办法》第十条规定，销售服务、无形资产或者不动产，是指有偿提供服务、有偿转让无形资产或者不动产。第十一条规定，有偿，是指取得货币、货物或者其他经济利益。

所附《销售服务、无形资产、不动产注释》第一条第（五）

项第1点规定，各种占用、拆借资金取得的收入，包括金融商品持有期间（含到期）利息（保本收益、报酬、资金占用费、补偿金等）收入、信用卡透支利息收入、买入返售金融商品利息收入、融资融券收取的利息收入，以及融资性售后回租、押汇、罚息、票据贴现、转贷等业务取得的利息及利息性质的收入，按照贷款服务缴纳增值税。

但以货币资金投资入股，参与接受投资方利润分配，共同承担投资风险的行为，不缴纳增值税，但其中类似以货币资金购买优先股获取固定股息，且不承担投资风险的行为，其获取的优先股股息按照“贷款服务”税目征收增值税；以货币资金投资收取的固定利润或者保底利润，按照贷款服务缴纳增值税。

二、总结整理

法人单位直接投资于其他居民企业取得股息、红利等权益性投资收益免税，但不包括连续持有居民企业公开发行并上市流通的股票不足12个月取得的投资收益。

内地企业投资者通过沪港通投资香港联交所上市股票取得的股息红利所得，计入其收入总额，依法计征企业所得税。其中，若内地居民企业连续持有H股满12个月取得的股息红利所得，依法免征企业所得税。

内地企业投资者通过深港通投资香港联交所上市股票取得的股息红利所得，计入其收入总额，依法计征企业所得税。

其中，内地居民企业连续持有H股满12个月取得的股息红利所得，依法免征企业所得税。

投资入股，共同承担投资风险后，参与接受投资方的利润分配，不需缴纳增值税。若是取得固定收益的优先股或固定利润或者保底利润，按照贷款服务缴纳增值税。

如表12-1所示：

表12-1

股东类型	投资类型	企业所得税征管政策	税率	增值税征管政策
法人股东股息红利	非上市公司——股权	直接投资于其他居民企业，免税	25%	共担风险免税；若是优先股或固定收益则按“贷款服务”计征增值税
	上市公司——股票	持有满12个月的免税；不足12个月的全额征收	25%	共担风险免税；若是优先股或固定收益则按“贷款服务”计征增值税
	通过深港通投资香港联交所上市股票	原则上正常征收；其中持H股满12个月的免税	25%	未规定
	通过沪港通投资香港联交所上市股票	原则上正常征收；其中持H股满12个月的免税	25%	未规定

三、案例分析

税法规定了符合条件的居民企业之间的股息、红利等权益性投资收益免收企业所得税，原理在于：被投资企业在分配股利之前已正常缴纳过企业所得税了，如再缴税就是重复征税了，因此不征。

但必须注意“符合条件的居民企业”要件：

1. 居民企业之间。不包含投资“独资企业、合伙企业、非居民企业”（其中独资企业、合伙企业适用个税的规定）。

2. 直接投资。不包含“间接投资”，如基金投资、信托收益投资、委贷投资等。

3. 连续持有居民企业公开发行并上市流通的股票在一年（12 个月）以上取得的投资收益。如果直接持有的股票，在 12 个月内即转让，是不能享受免税优惠的，即对短期炒作股票不提倡，这是国家的政策导向。

案例 1：某央企直接投资于居民企业取得的股息红利，五年数据如下：

年度\项目		居民企业之间的股息、红利
2016 年	减免所得额	20,406,756,806.82
	减免税额	5,101,689,201.71
2017 年	减免所得额	43,049,827,208.66
	减免税额	10,762,456,802.17
2018 年	减免所得额	22,672,052,500.00
	减免税额	5,668,013,125.00
2019 年	减免所得额	19,326,950,000.00
	减免税额	4,831,737,500.00
2020 年	减免所得额	6,620,040,958.69
	减免税额	1,655,010,239.67

该公司 2016—2020 年五年来，符合条件的居民企业之间的股息、红利等权益性投资收益免收企业所得税的平均额达 55.6 亿元，减税效果显著。

案例 2：佛山市南实投资咨询有限公司与阿克苏成就房地产开发有限公司民间借贷纠纷（2020）新 29 民终 938 号

2008 年 3 月 13 日，成就房地产公司成立，公司股东有：广州市松进中央空调有限公司出资额 60 万元，投资比例 3%；广州诚僦集团有限公司出资额 860 万元，投资比例 43%；佛山市嘉士达投资有限公司出资额 380 万元，投资比例19%；南实投资咨询公司出资额500万元，投资比例25%；佛山市星南投资咨询有限公司出资额200万元，投资比例10%。2014年成就房地产公司根据股东会决议将1000万元利润用于向包括南实投资咨询公司在内的各股东分红，南实投资咨询公司分得250万元。2015年1月13日，成就房地产公司向南实投资咨询公司账户汇入250万元；2015年2月6日，成就房地产公司向南实投资咨询公司账户汇入200万元；2016年2月3日，成就房地产公司向南实投资咨询公司账户汇入50万元；2016年4月21日，成就房地产公司向南实投资咨询公司账户汇入25万元，以上合计525万元。在上述各时期内，成就房地产公司亦分别向其余四个股东账户按照出资比例汇入款项。

成就公司认为：1. 成就房地产公司向南实投资咨询公司的多次转账系借款而非股东分红款，据此提起民间借贷诉讼，南实投资咨询公司抗辩转账不是借款系股东分红款。2. 股东分红应当按照《公司法》的规定及公司章程的规定，2014年之后，成就房地产公司再未召开过任何股东分红的会议，成就房地产公司提交的《企业所得税汇算清缴审核说明》可证明成就房地产公司不具备分红条件。3. 广州市华穗会计师事务所发给南实投资咨询公司的“关于股权及分红的说明”邮件中，明确告诉南实投资咨询公司2015年按股份比例支付给各股东单位1000万元系预分配资金，各股东单位应暂作为借款挂账成就房地产公司往来账，待2015年度实际利润情况再另行通知各股东单位处理。4. 成就房地产公司2015年没有利润，成就房地产公司也没有就该款的性质召开股东会进行变更，该款的性质应当根据双方的合意认定为借款。

后成就房地产公司向一审法院起诉请求：1. 判令南实投资咨询公司向成就房地产公司返还借款本金525万元；2. 判令南实投资咨询公司自起诉之日起至还清借款之日止按年利率6%支付利息。

一审法院查明的事实：成就房地产公司《股权转让及分红的通知》第二条载明：阿克苏成就房地产公司于2014年末及2015年1月分次支付给各股东款项2000万元，此部分款项内容主要构成为：2014年年末按股份比例支付给各股东单位的1000万元为2014年度利润分红，各股东单位应凭阿克苏成就房地产公司2014年度分红决议作为2014年度的投资收益处理，可按税法规定享受免税所得的税收优惠；2015年按股份比例支付给各股东单位1000万元系预分配资金，各股东单位应暂作为借款挂账阿克苏成就房地产公司往来款，待根据2015年度实际利润情况再另行通知各股东单位处理。

二审法院认为，争议焦点为成就房地产公司向南实投资咨询公司转账525万元是借款还是其他款项。双方对《股权转让及分红的通知》真实性无异议。1.2014年末按股份比例支付给各股东单位的1000万元为2014年度利润分红，各股东可按分红决议作为投资收益处理，可按税法规定享受免税所得的税收优惠。2.2015年按股份比例支付给各股东单位1000万元系预分配资金，各股东单位应暂作为借款挂账阿克苏成就房地产公司往来款。从上述内容看，成就房地产公司向南实投资咨询公司所转账的525万元系预分配资金，并非借款。3.实际履行中，款项亦是成就房地产公司主动转账给南实投资咨询公司，南实投资咨询公司并无借款的意思表示，双方亦未达成借款的合意。4.成就房地产公司原会计宋欣美的证人证言等证据可证实成就房地产公司于2014年末及2015年1月分次支付给各股东款项2000万元均是按照各股东持股比例进行的分配，成就房地产公司向南实投资咨询公司转账525万元的本意系其向南实投资咨询公司提前支付的预分配资金，该款项挂账为借款并不影响其款项本身的性质。5.至于该款项是否能够作为股东分红，应当按照《中华人民共和国公司法》的相关规定予以确认。

故二审法院驳回了成就房地产要求南实公司返还借款本金525万并按年利率6%支付利息的诉请。

启示：该案例中，二审法院认可了2015年1月13日，成就房地产公司向南实咨询公司账户汇入的250万元属于股利分红，可做免税；2015年按股份比例支付给各股东单位1000万元是预分配资金，是各方合意的预分配利润，即2015年2月6日汇入咨询公司账户的200万元、2016年2月3日汇入咨询公司账户的50万元、2016年4月21日汇入咨询公司账户的25万元，合计275万元为南实公司收到的预分配资金，而非借款。

虽然2015年后成就房地产账面无利润可以分，南实公司收到的预分配资金275万元不符合公司法中对利润分红的强制性规定，确实不属于分红。但不能以此就认定该款项为借款，原因在于当时几方的合意是预分配资金，并无借款的合意与事实。故法院依法驳回成就房地产的诉请。

第十三章 风险分析及实践应用——撤资、转让股权时

一、相关法律政策规定

《中华人民共和国企业所得税法》

第四条，企业所得税的税率为25%。

第六条规定，企业以货币形式和非货币形式从各种来源取得的收入，为收入总额。包括：（三）转让财产收入。

《中华人民共和国企业所得税法实施条例》第十六条规定，企业所得税法第六条第（三）项所称转让财产收入，是指企业转让固定资产、生物资产、无形资产、股权、债权等财产取得的收入。法人单位转让股权属于财产转让收入。

《国家税务总局关于企业投资者投资未到位而发生的利息支出企业所得税前扣除问题的批复》（国税函〔2009〕312号）凡企业投资者在规定期限内未缴足其应缴资本额的，该企业对外借款所发生的利息，相当于投资者实缴资本额与在规定

期限内应缴资本额的差额应计付的利息，其不属于企业合理的支出，应由企业投资者负担，不得在计算企业应纳税所得额时扣除。

具体计算不得扣除的利息，应以企业一个年度内每一账面实收资本与借款余额保持不变的期间作为一个计算期，每一计算期内不得扣除的借款利息按该期间借款利息发生额乘以该期间企业未缴足的注册资本占借款总额的比例计算，公式为：

企业每一计算期不得扣除的借款利息＝该期间借款利息额 × 该期间未缴足注册资本额 ÷ 该期间借款额

企业一个年度内不得扣除的借款利息总额为该年度内每一计算期不得扣除的借款利息额之和。

《国家税务总局关于企业取得财产转让等所得企业所得税处理问题的公告》（国家税务总局公告 2010 年第 19 号）

一、企业取得财产（包括各类资产、股权、债权等）转让收入、债务重组收入、接受捐赠收入、无法偿付的应付款收入等，不论是以货币形式，还是非货币形式体现，除另有规定外，均应一次性计入确认收入的年度计算缴纳企业所得税。

《国家税务总局关于贯彻落实企业所得税法若干税收问题的通知》（国税函〔2010〕79 号）

三、关于股权转让所得确认和计算问题

企业转让股权收入，应于转让协议生效且完成股权变更手续时，确认收入的实现。转让股权收入扣除为取得该股权所发生的成本后，为股权转让所得。企业在计算股权转让所得时，不得扣除被投资企业未分配利润等股东留存收益中按该项股权所可能分配的金额。

《国家税务总局关于企业所得税若干问题的公告》（2011年第34号）

五、投资企业撤回或减少投资的税务处理

投资企业从被投资企业撤回或减少投资，其取得的资产中，相当于初始出资的部分，应确认为投资收回；相当于被投资企业累计未分配利润和累计盈余公积按减少实收资本比例计算的部分，应确认为股息所得；其余部分确认为投资资产转让所得。

被投资企业发生的经营亏损，由被投资企业按规定结转弥补；投资企业不得调整减低其投资成本，也不得将其确认为投资损失。

《国家税务总局关于企业转让上市公司限售股有关所得税问题的公告》（国家税务总局公告2011年第39号）

二、企业转让代个人持有的限售股征税问题

因股权分置改革造成原由个人出资而由企业代持有的限

售股，企业在转让时按以下规定处理：

（一）企业转让上述限售股取得的收入，应作为企业应税收入计算纳税。

上述限售股转让收入扣除限售股原值和合理税费后的余额为该限售股转让所得。企业未能提供完整、真实的限售股原值凭证，不能准确计算该限售股原值的，主管税务机关一律按该限售股转让收入的15%，核定为该限售股原值和合理税费。

依照本条规定完成纳税义务后的限售股转让收入余额转付给实际所有人时不再纳税。

（二）依法院判决、裁定等原因，通过证券登记结算公司，企业将其代持的个人限售股直接变更到实际所有人名下的，不视同转让限售股。

三、企业在限售股解禁前转让限售股征税问题

企业在限售股解禁前将其持有的限售股转让给其他企业或个人（以下简称受让方），其企业所得税问题按以下规定处理：

（一）企业应按减持在证券登记结算机构登记的限售股取得的全部收入，计入企业当年度应税收入计算纳税。

（二）企业持有的限售股在解禁前已签订协议转让给受让方，但未变更股权登记仍由企业持有的，企业实际减持该限售股取得的收入，依照本条第一项规定纳税后，其余额转付给受让方的，受让方不再纳税。

《财政部国家税务总局关于全面推开营业税改征增值税试点的通知》（财税〔2016〕36 号）规定，金融商品转让，按照卖出价扣除买入价后的余额为销售额。

转让金融商品出现的正负差，按盈亏相抵后的余额为销售额。若相抵后出现负差，可结转下一纳税期与下期转让金融商品销售额相抵，但年末时仍出现负差的，不得转入下一个会计年度。

《财政部 国家税务总局 证监会关于沪港股票市场交易互联互通机制试点有关税收政策的通知》（财税〔2014〕81 号）规定，对内地企业投资者通过沪港通投资香港联交所上市股票取得的转让差价所得，计入其收入总额，依法征收企业所得税。

对内地单位投资者通过沪港通买卖香港联交所上市股票取得的差价收入，按现行政策规定征免营业税。

《财政部 国家税务总局 证监会关于深港股票市场交易互联互通机制试点有关税收政策的通知》（财税〔2016〕127 号）规定，对内地企业投资者通过深港通投资香港联交所上市股票取得的转让差价所得，计入其收入总额，依法征收企业所得税。

对内地单位投资者通过深港通买卖香港联交所上市股票

取得的差价收入，在营改增试点期间按现行政策规定征免增值税。

二、总结整理

法人单位股东转让非上市公司股份、上市公司股票的，以转让差价所得，计入其收入总额，依法征收企业所得税。通过沪港通、深港通卖出香港联交所上市股票的，征收政策亦然。

法人单位股东转让非上市公司股权不属于增值税征收范围。

法人单位股东转让上市公司股票，按金融商品转让，以照卖出价扣除买入价后的余额为销售额，按6%税率征收增值税。通过沪港通、深港通买卖香港联交所上市股票取得的差价收入，按现行政策规定征免增值税。

如表13-1所示：

表 13-1

股东类型	投资类型	企业所得税征管政策	企业所得税税率	增值税征管政策
法人股东转让股权（股票）	非上市公司——股权	按财产转让收入，依法正常征收	25%	不属于增值税征收范围
	上市公司——股票	按财产转让收入，依法正常征收	25%	按金融商品转让价差，6% 税率征收
	通过深港通投资香港联交所上市股票	按财产转让收入，依法正常征收	25%	免征
	通过沪港通投资香港联交所上市股票	按财产转让收入，依法正常征收	25%	免征

三、案例分析

常规情况下，关于股权转让所得确认和计算问题：

企业转让股权收入，应于转让协议生效且完成股权变更手续时，确认收入的实现。转让股权收入扣除为取得该股权所发生的成本后，为股权转让所得。企业在计算股权转让所得时，不得扣除被投资企业未分配利润等股东留存收益中按该项股权所可能分配的金额。

案例 1：甲公司实收资本 1000 万元，有 2 个法人股东，A 股东占比 40%，B 股东占比 60%，目前甲公司账面上盈余公积 2000 万元，未分配利润 3000 万元。

由于内部问题，A股东撤资收回款项5000万元。

第1步：确认投资收回，即初始出资的部分=1000万元×40%=400万元，没有税；

第2步：确认股息所得，即相当于被投资企业累计未分配利润和累计盈余公积按减少实收资本比例计算的部分，即（2000+3000）×40%=2000万元，免征企业所得税；

第3步：确认投资资产转让所得，即5000-400-2000=2600万元。企业所得税=2600万元×25%=650万元。

另外一种情况，法人股东转让的股权可能不仅仅是股权，名为转让股权，实为转让房屋、土地。此种情况还将涉及土地增值税。

《国家税务总局关于以转让股权名义转让房地产行为征收土地增值税问题的批复》（国税函〔2000〕687号）指出，如以股权形式表现的资产主要是土地使用权、地上建筑物及附着物，需按土地增值税的规定征税。《国家税务总局关于天津泰达恒生转让土地使用权土地增值税征缴问题的批复》（国税函〔2011〕415号）认定利用股权转让方式让渡土地使用权，实质是房地产交易行为，应依照《土地增值税暂行条例》的规定，征收土地增值税。《国家税务总局关于土地增值税相关政策问题的批复》（国税函〔2009〕387号）答复了案例将房产作价入股后，紧接着就将股权进行转让，且股权转让金额等同于房地产的评估值，认定这一行为实质上是房地产交易行为，应按规定征收土地增值税。

这三个文件始终争议不断，不同的省份实践征收也不统一。

认为不该征的一方认为：这三个文件是国家税务机关对下级税务机关请示的特定事项的专项批复，而并非针对全国适用的税收政策，且在目前不断完善税法体系的大环境下，“批复”是无法归类为“税务规章”“税务规范性文件”范畴的，不能广泛适用于全部纳税人。且《土地增值税暂行条例》第二条就已经很明确规定土地增值税是对“转让国有土地使用权、地上的建筑物及其附着物并取得收入的单位和个人”征税。股权转让明显不属于土地增值税的征税范围。

另一方，以税务机关居多，认为：税法的根本原则与精神是实质重于形式，批复的事项实质在于企业是利用了股权转让的合法形式掩盖非法逃避土地增值税的目的。

笔者的观点：从土地增值税暂行条例的立法本意来说，上述股权转让的本质就是转让房地产，故以这个名义转让房地产的行为应当征收土地增值税。如不按土地增值税计征，则无税收公平，又将造成税款的大量流失。

第十四章 风险分析及实践应用——资本公积、盈余公积、未分配利润转增资本时

一、相关法律政策规定

《中华人民共和国公司法》第一百六十六条：法定公积金与任意公积金公司分配当年税后利润时，应当提取利润的百分之十列入公司法定公积金。公司法定公积金累计额为公司注册资本的百分之五十以上的，可以不再提取。公司的法定公积金不足以弥补以前年度亏损的，在依照前款规定提取法定公积金之前，应当先用当年利润弥补亏损。

《中华人民共和国企业所得税法》第二十六条第二项规定，符合条件的居民企业之间的股息、红利等权益性投资收益，为免税收入。第三项规定，在中国境内设立机构、场所的非居民企业从居民企业取得与该机构、场所有实际联系的股息、红利等权益性投资收益，也为免税收入。《企业所得税法实施条例》进一步明确，所称符合条件的居民企业之间的股息、红利等权益性投资收益，是指居民企业直接投资于

其他居民企业取得的投资收益。其所称的股息、红利等权益性投资收益，不包括连续持有居民企业公开发行并上市流通的股票不足12个月取得的投资收益。也就是说，企业持有上市公司股票不足12个月的分红要缴税，其他的分红都不需要缴税。

《国家税务总局关于贯彻落实企业所得税法若干税收问题的通知》（国税函〔2010〕79号）

第四项 关于股息、红利等权益性投资收益收入确认问题

企业权益性投资取得股息、红利等收入，应以被投资企业股东会或股东大会作出利润分配或转股决定的日期，确定收入的实现。

被投资企业将股权（票）溢价所形成的资本公积转为股本的，不作为投资方企业的股息、红利收入，投资方企业也不得增加该项长期投资的计税基础。

（一）资本公积转增

《国家税务总局关于贯彻落实企业所得税法若干税收问题的通知》（国税函〔2010〕79号）第4条规定，被投资企业将股权（票）溢价所形成的资本公积转为股本的，不作为投资方企业的股息、红利收入，投资方企业也不得增加该项长期投资的计税基础。

据此，公司以股权（票）溢价所形成的资本公积转增股本，该公司的法人股东无须确认收入，无须缴纳企业所得税，但该项长期投资的计税基础维持不变。

（二）盈余公积、未分配利润转增

国税函〔2010〕79号仅规定了股权（票）溢价所形成的资本公积转为股本时是否征税的问题，并未规定盈余公积、未分配利润转增是否征税的问题。

根据《企业所得税法》规定，居民企业直接投资于其他居民企业取得的股息、红利等权益性投资收益（不包括连续持有居民企业公开发行并上市流通的股票不足12个月取得的投资收益），为免税收入。

因此，公司将盈余公积、未分配利润转增的，不作为该公司法人股东的股息、红利收入，法人股东还可增加该项长期投资的计税基础。

注意：如果被投资方是上市公司，投资方企业持有该上市公司股票时间不足12个月的，则被投资方上市公司将盈余公积、未分配利润转增的，投资方企业不能享受免税待遇，不适用79号文。

如表14-1所示：

表 14-1

转增资本科目	来源方式	企业所得税情况	说明
资本公积	资本（股本）溢价发行	不涉及	不作为投资方企业的股息、红利收入，投资方企业也不得增加该项长期投资的计税基础
盈余公积、未分配利润	留存收益	红利免税；如持上市公司股票不足12个月的，需正常纳税	法人股东直接投资于居民企业取得的股息、红利等权益性投资收益免税；可增加该项长期投资的计税基础。

二、案例分析

案例1：某有限公司经股东大会决议批准，2019年末会计人员把“盈余公积”200万元结转入“实收资本－法人股东”，账务处理如下：

借：盈余公积 200 万元

贷：实收资本－法人股东 200 万元

因转增的是法人单位股东的资本，实际上是被投资公司将盈余公积金向股东分配了股息、红利，而法人股东符合直接投资于居民企业取得的股息、红利等权益性投资收益免税的条件，再以分得的股息、红利增加注册资本，免征企业所得税。故该法人股东转增资本后，无须缴纳企业所得税。

假设：2019年末会计人员把“盈余公积”200万元结转入“实收资本－自然人股东”，账务处理如下：

借：盈余公积200万元

贷：实收资本－自然人股东200万元

那么，该自然人股东视同收到分红，要按照“利息、股息、红利所得”项目按20%的税率，缴纳40万元个人所得税。

案例2：厦门鑫屹龙贸易有限公司、江西朝盛矿业有限公司民间借贷纠纷二审民事判决书（2017）最高法民终765号

2010年6月11日，甲方许锡忠（含公卫彬股权）、乙方鑫屹龙公司、丙方张瑞滨、丁方詹汉标亲属（代表）、戊方詹汉伟、己方朝盛公司签订编号为×××《合作协议》，约定：“鉴于1. 乙方朝盛公司成立于2007年8月6日，注册资本为1000万元，实际资产价值为13,000万元。经营范围主要为硫铁矿及其伴生矿开采、加工、销售。2. 甲、丙、丁、戊为己方朝盛公司股东，共持有朝盛公司100%的股权，现有意引进乙方鑫屹龙公司对朝盛公司进行投资。为了达到共同投资、共同享有收益及承担相应义务的目的，各方经友好协商，达成以下协议：1. 增资前朝盛公司的股权结构为许锡忠36%、公卫彬43%（公卫彬所持43%股权系许锡忠全额投资及所有）、张瑞滨6%、詹汉标亲属10%、詹汉伟5%。

增资后朝盛公司的股权结构为许锡忠53.75%、张瑞滨5%、詹汉标亲属5.5%、詹汉伟2.75%、鑫屹龙公司33%。2. 乙方鑫屹龙公司通过增资的方式出资6,400万元，其中部分作为注册资本金出资到位，余下部分计入朝盛公司资本公积。出资到位后，公司为乙方正式办理股权登记手续。另乙方还需注入部分资金（4,236万元）作为借款，该部分由补充协议规范。3. 增资入股完成后，今后因业务发展需要增加对朝盛公司投资的，各方股东按照增资后所持股权比例出资。4. 各方所投资金均由公司统一计算利息并纳入公司成本，利率为（月息一分五厘），计利时间从2011年1月1日开始。”《合作协议》甲方许锡忠签字；乙方鑫屹龙公司的代表余龙飞签字并加盖鑫屹龙公司公章；丙方张瑞滨签字；丁方詹汉标亲属代表以及戊方詹汉伟均由许锡忠签字；朝盛公司加盖公章。

上述《合作协议》和《补充协议书》签订之后，鑫屹龙公司于2010年6月至2012年4月陆续向朝盛公司支付132,777,740元。朝盛公司于2011年5月至2012年7月陆续向鑫屹龙公司支付26,433,209.51元。2010年12月8日，朝盛公司为鑫屹龙公司办理了股权工商变更登记，鑫屹龙公司登记为朝盛公司的股东，占33%的股份。

2011年5月31日，朝盛公司形成一份股东会决议，内容为：经股东一致同意，形成决议如下：截至2011年5月27日，各股东陆续投入（除注册资本人民币1000万元以外）95,619,540元全部转入公司资本公积，包括鑫屹龙公司60,777,740元、许锡忠34,341,800元、詹碧菲500,000元。

2012年6月15日，朝盛公司另形成一份股东会决议，内容为：经股东一致同意，形成决议如下：截至2012年5月31日，各股东陆续投入42,566,790.49元，全部转入公司资本公积。包括鑫屹龙公司42,566,790.49元。鑫屹龙公司、朝盛公司在决议上盖章，许锡忠、张瑞滨、詹汉伟、詹碧菲在决议上签字。

现鑫屹龙公司起诉要求朝盛公司、许锡忠归还42,344,530元本金及利息。鑫屹龙公司主张，其向朝盛公司转入132,777,740元后，除去6,400万元出资款，共向朝盛公司出借借款本金68,777,740元，但是朝盛公司实际仅归还26,433,210元，尚欠42,344,530元本金及其利息未归还。

朝盛公司则认为，依据朝盛公司2011年5月31日和2012年6月15日的股东会决议，鑫屹龙公司向朝盛公司转入的款项已转为公司资本公积金。因此，本案争议的焦点是，鑫屹龙公司向朝盛公司转入的132,777,740元，除去6,400万元投资款和朝盛公司支付的26,433,210元款项之外，剩余42,344,530元的性质是借款还是资本公积金。

法院认为：双方当事人2010年6月11日签订的《合作协议》以及《补充协议书》是当事人的真实意思表示，内容未违反法律、行政法规的强制性规定，合法有效。协议签订后，鑫屹龙公司共向朝盛公司支付132,777,740元，双方当事人对此均无异议，该院予以确认。鑫屹龙公司主张，其向朝盛公司转入132,777,740元后，除去6,400万元出资款，共向朝盛公司出借借款本金68,777,740元，但是朝盛公司实际仅归还26,433,210元，尚欠42,344,530元本金及其利息未归还。对此，法院认为，依据2011年5月31日和2012年6月15日朝盛公司的股东会决议约定，各股东陆续投入的资金全部转入公司资本公积金，该股东会决议有鑫屹龙公司和朝盛公司的盖章，以及许锡忠和公司股东的签字，合法有效，对双方当事人均有拘束力。依照股东会决议的约定，鑫屹龙公司汇入朝盛公司的资金全部转入公司资本公积金。

基于两份股东会决议上有朝盛公司、鑫屹龙公司的盖章及朝盛公司股东的签字，认定该两份决议有效，并依此认定鑫屹龙公司主张朝盛公司和许锡忠应当返还的款项已经转为朝盛公司资本公积金，有事实依据。鑫屹龙公司起诉主张其交付给朝盛公司的款项性质属于借款，与事实不符，其要求朝盛公司、许锡忠归还42,344,530元本金及利息的主张，缺乏事实与法律依据，不应支持，驳回起诉。

启示：此案经最高人民法院二审后尘埃落定。最高法驳回了鑫屹龙公司的上诉。因为虽有《补充协议书》约定朝盛公司应当将鑫屹龙公司投入朝盛公司的4,236万元在三年期限届满后退还，但此后朝盛公司召开股东会议并形成同意将案涉款项转为公司资本公积金的决议，并不违反上述合同约定，亦不违反法律规定。

即后面的股东会决议更改了原“三年期限届满后退还4,236万元”的约定，且此决议也不违反法律规定，故法院只能驳回鑫屹龙公司的诉请。

第十五章 风险分析及实践应用——注销清算时

本章法人单位股东注销清算的涉税程序、实质事项规定与第八章自然人股东注销清算的规定基本相同，区别在于法人单位股东最终收到的剩余财产、应付股息应缴纳企业所得税；自然人股东最终收到的剩余财产、应付股息应缴纳个人所得税。因此对于政策法规的列举说明有重复，也各有侧重，第八章侧重于分得剩余财产的税款计算与缴纳，本章侧重于股东责任的承担与连带。

一、相关法律政策规定

《中华人民共和国企业所得税法》

第五十五条，企业在年度中间终止经营活动的，应当自实际经营终止之日起六十日内，向税务机关办理当期企业所得税汇算清缴。

企业应当在办理注销登记前，就其清算所得向税务机关申报并依法缴纳企业所得税。

《财政部、国家税务总局关于企业清算业务企业所得税处理若干问题的通知》（财税〔2009〕60 号）

三、企业清算的所得税处理包括以下内容：

（一）全部资产均应按可变现价值或交易价格，确认资产转让所得或损失；

（二）确认债权清理、债务清偿的所得或损失；

（三）改变持续经营核算原则，对预提或待摊性质的费用进行处理；

（四）依法弥补亏损，确定清算所得；

（五）计算并缴纳清算所得税；

（六）确定可向股东分配的剩余财产、应付股息等。

四、企业的全部资产可变现价值或交易价格，减除资产的计税基础、清算费用、相关税费，加上债务清偿损益等后的余额，为清算所得。企业应将整个清算期作为一个独立的纳税年度计算清算所得。

五、企业全部资产的可变现价值或交易价格减除清算费用，职工的工资、社会保险费用和法定补偿金，结清清算所得税、以前年度欠税等税款，清偿企业债务，按规定计算可以向所有者分配的剩余资产。被清算企业的股东分得的剩余资产的金额，其中相当于被清算企业累计未分配利润和累计盈余公积中按该股东所占股份比例计算的部分，应确认为股息所得；剩余资产减除股息所得后的余额，超过或低于股东投资成本的部分，应确认为股东的投资转让所得或损失。被清算企业的股东从被清算企业分得的资产应按可变现价值或实际交易价格确定计税基础。

《国家税务总局关于企业清算所得税有关问题的通知》（国税函〔2009〕684 号）

一、企业清算时，应当以整个清算期间作为一个纳税年度，依法计算清算所得及其应纳所得税。企业应当自清算结束之日起 15 日内，向主管税务机关报送企业清算所得税纳税申报表，结清税款。

企业未按照规定的期限办理纳税申报或者未按照规定期限缴纳税款的，应根据《中华人民共和国税收征收管理法》的相关规定加收滞纳金。

二、进入清算期的企业应对清算事项，报主管税务机关备案。

企业破产法规定的税收优先权主要包括：①税务机关征收税款，税收优先于无担保债权，法律另有规定的除外；②纳税人欠缴的税款发生在纳税人以其财产设定抵押、质押或者纳税人的财产被留置之前的，税收应当先于抵押权、质押权和留置权执行；③税收优先于罚款、没收违法所得。

《国家税务总局关于企业所得税若干问题的公告》（2011

年第 34 号）

五、投资企业撤回或减少投资的税务处理

投资企业从被投资企业撤回或减少投资，其取得的资产中，相当于初始出资的部分，应确认为投资收回；相当于被投资企业累计未分配利润和累计盈余公积按减少实收资本比例计算的部分，应确认为股息所得；其余部分确认为投资资产转让所得。

被投资企业发生的经营亏损，由被投资企业按规定结转弥补；投资企业不得调整减低其投资成本，也不得将其确认为投资损失。

《中华人民共和国公司法》

第二十条，公司股东应当遵守法律、行政法规和公司章程，依法行使股东权利，不得滥用股东权利损害公司或者其他股东的利益；不得滥用公司法人独立地位和股东有限责任损害公司债权人的利益。

公司股东滥用股东权利给公司或者其他股东造成损失的，应当依法承担赔偿责任。

公司股东滥用公司法人独立地位和股东有限责任，逃避债务，严重损害公司债权人利益的，应当对公司债务承担连带责任。

说明：根据二十条的规定，公司在注销后查出偷逃税行为，可认定为是故意逃避国家税收而注销的，属于滥用股东的独立法人地位行为，应由其股东对应纳税款全额承担无限连带责任。因为国家也是债权人之一，侵犯了国家的税收债权，就是滥用权利损害国家利益，股东当然需对税款承担连带责任。

第六十三条，一人有限责任公司的股东不能证明公司财产独立于股东自己的财产的，应当对公司债务承担连带责任。

说明：这种情况属于股东与法人财产混同，可以直接向股东追缴税款。另外，如果公司法人资产不明、账务不清，没有办法进行清算时，可以推定股东滥用公司人格，由股东对公司应纳税款承担无限连带责任。

如关联公司的人员、业务、财务等方面交叉或混同，导致各自财产无法区分，丧失独立人格的，构成人格混同。如严重损害债权人利益的，关联公司相互之间对外部债务承担连带责任。

第一百八十九条，清算组成员应当忠于职守，依法履行清算义务。

清算组成员不得利用职权收受贿赂或者其他非法收入，不得侵占公司财产。

清算组成员因故意或者重大过失给公司或者债权人造成

损失的，应当承担赔偿责任。

说明：对有限责任公司而言，清算组成员就是股东，应了解公司是否存在偷逃税，公司没有缴纳应缴税款就申请注销应属于故意行为，清算组成员应当承担赔偿责任。这时清算组中股东的行为是一种侵权行为，他所承担的责任不限于其所分得的剩余财产，应该对债权实际造成的损失承担无限责任。

虽然税收征收管理法实施细则第五十条规定了纳税人有解散、撤销、破产情形的，在清算前应当向其主管税务机关报告；未结清税款的，由其主管税务机关参加清算。企业破产法也规定了税收优先权主要包括：①税务机关征收税款，税收优先于无担保债权，法律另有规定的除外；②纳税人欠缴的税款发生在纳税人以其财产设定抵押、质押或者纳税人的财产被留置之前的，税收应当先于抵押权、质押权和留置权执行；③税收优先于罚款、没收违法所得。

但这些规定是建立在公司存续的基础上，一旦公司注销了，国家的税款及税务机关的征收权将无处放置。因此公司法及其司法解释二、三在司法实践中均遵照法理指向实际控制人股东追缴。

二、案例分析

清算所得是清算企业应缴企业所得税的应纳税所得额。

清算企业的剩余资产是可以向股东分配的实际资产。二者不是一个概念，可以理解为一个是所得，另一个是资产。结合财政部、国家税务总局《关于企业清算业务企业所得税处理若干问题的通知》（财税〔2009〕60号）的相关规定，清算所得用公式表述如下：

清算所得＝资产可变现价值或交易价格－资产的计税基础＋债务清偿损益－清算费用－相关税费－可弥补以前年度亏损。

清算费用是指纳税人在清算过程中实际发生的、与清算活动有关的费用，包括清算组组成人员的工资、差旅费、办公费、公告费、诉讼费、评估费、咨询费等。

相关税费是指在清算期间因处理资产、负债而产生的营业税、印花税、土地增值税、教育费附加等税费。

清算期间应缴企业所得税＝清算所得×企业所得税税率（即25%）。

可以向企业所有者分配的剩余财产=企业的全部资产可变现价值或交易价格-清算费用-相关税费－职工的工资-社会保险费用-法定补偿金-结清清算所得税-以前年度欠税-清偿企业债务。

法人股东在清算环节涉税要点：

投资企业从被投资企业撤回或减少投资，其取得的资产中，相当于初始出资的部分，应确认为投资收回；相当于被投资企业累计未分配利润和累计盈余公积按减少实收资本比例计算的部分，应确认为股息所得；其余部分确认为投资资产转让所得。

被投资企业发生的经营亏损，由被投资企业按规定结转弥补；投资企业不得调整减低其投资成本，也不得将其确认为投资损失。

案例 1：仍以第八章案例 1 主要内容为例，假设股东甲、乙均为法人单位，两单位共同投资五金家电制造公司，其中甲投资占比 70%、乙投资占比 30%。2020 年 6 月进入注销清算阶段，资产总额 1100 万元，可变现金额 1140 万元；负债账面金额 390 万元，需实际偿还 385 万元；实收资本 600 万元，盈余公积 122 万元，亏损 12 万元。

其中资产：账面尚余材料、半成品、应收账款、应付账款、固定资产，其中：材料、产成品账面价值 400 万元，可变现价值 460 万元；应收账款账面金额 200 万元，可实际收到 190 万元；机器类固定资产账面价值 500 万元，处置价值为 490 万元。应付账款账面金额 90 万元，确定可以付出款项 85 万元；长期应付款 300 万元，需全部付出。另处置产成品、固定资产需发生相关税费 5.5 万元；清算期间需发生清算费用 2 万元；有五年内未弥补的亏损额 12 万元；以往年度欠缴增值税 3.2 万元；需结清工资、社保、经济补偿金 9 万元。资产与负债的计税基础均等于账面价值。

清算过程如下：

清算期：2020 年 1—6 月

资产变现所得：（460-400）+（190-200）+（490-500）=40（万元）

债务清偿所得： 90-85=5（万元）

清算所得：（460-400）+（190-200）+（490-500）+（90-85）-2-5.5-12=25.5（万元）

清算期间应缴企业所得税 =25.5*25%=6.375（万元）

即该五星家电公司应在注销前，就其清算所得在 60 日内向税务机关申报并依法缴纳企业所得税 6.375 万元。

可向企业所有者分配的剩余财产 =（460+190+490）-2-9-5.5-3.2-6.375-85-300=728.925（万元）

股东甲可以分配的剩余资产 =728.925×70%=510.2475（万元）

股东乙可以分配的剩余资产 =728.925×30%=218.6775（万元）

两股东投资回收金额 600 万元，其中：甲回收投资金额 420 万元，乙回收投资额 180 万元，不需纳税。

两股东股息红利所得（累计未分配利润和累计盈余公积）

=122-12=110（万元）

股东甲的股息红利所得为直接投资于居民企业，免征企业所得税。

股东乙的股息红利所得为直接投资于居民企业，免征企业所得税。

两股东投资转让所得 =728.925-600-(122-12)=18.925（万元）

股东甲财产转让 - 企业所得税

=18.925×70%×25%=3.3119(万元)

股东乙财产转让 - 企业所得税

=18.925×30%×25%=1.4194(万元)

此项投资转让所得，分别并入甲乙公司当年的所得，合并缴纳。如此项所得为负数，即亏损，也可抵减当年的所得。

即股东法人在被投资公司注销清算时，收回相当于初始投资的部分不纳税；符合条件的股息红利免税；仅对投资资产转让所得缴纳企业所得税。

（若该公司在清算时持有房产土地资产，清算处置时还需对应缴纳土地增值税。）

案例 2：某小家电生产制造公司由 A 公司、B 公司投资创立，其中 A 公司占比 60%，B 公司占比 40%。该小家电公司2020年9月进入清算阶段，其资产的账面价值5700万元，负债的账面价值3300万元，实收资本2000万元，盈余公积800万元，累计亏损400万元，其中未超过可以税前弥补期的是100万元。该企业全部资产可变现价值6960万元，资产的计税基础5900万元，债务清理实际偿还3000万元。企业清算期内支付清算费用80万元，清算过程中发生的相关税费为20万元，支付职工法定补偿金300万元。

清算期间：2020年1月至2020年9月

清算所得：（6960-5900）+（3300-3000）-20-80-100=1160（万元）

应交企业所得税 =1160×25%=290（万元）

即小家电公司应在注销前，就其清算所得在60日内向税务机关申报并依法缴纳企业所得税290万元。

可向投资者分配的剩余资产 =6960-80-300-20-290-3000=3270（万元）

股东A公司可以分配的剩余资产 =3270×60%=1962（万元）

股东B公司可以分配的剩余资产 =3270×40%=1308（万元）

两股东投资回收金额2000万元，其中：甲回收投资金额1200万元，乙回收投资额800万元，不需纳税。

股息红利所得（累计未分配利润和累计盈余公积）=800-400=400（万元）

股东A公司股息红利所得=400×60%=240（万元），为直接投资于居民企业，免征企业所得税。

股东B公司股息红利所得=400×40%=160（万元），为直接投资于居民企业，免征企业所得税。

投资转让所得=3270-2000-（800-400）=870（万元）

股东A公司财产转让-企业所得税

=870×60%×25%=130.50（万元）

股东B公司财产转让-企业所得税

=870×40%×25%=87.00（万元）

此项投资转让所得，分别并入A、B公司当年的所得，合并缴纳。如此项所得为负数，即亏损，也可抵减当年的所得。

案例3：徐工集团工程机械股份有限公司诉成都川交工贸有限责任公司等买卖合同纠纷案

原告徐工集团工程机械股份有限公司（以下简称徐工机械公司）诉称：成都川交工贸有限责任公司（以下简称川交工贸公司）拖欠其货款未付，而成都川交工程机械有限责任公司（以下简称川交机械公司）、四川瑞路建设工程有限公司（以下简称瑞路公司）与川交工贸公司人格混同，三个公司实际控制人王永礼以及川交工贸公司股东等人的个人资产与公司资产混同，均应承担连带清偿责任。请求判令：川交工贸公司支付所欠货款10,916,405.71元及利息；川交机械公司、瑞路公司及王永礼等个人对上述债务承担连带清偿责任。

被告川交工贸公司、川交机械公司、瑞路公司辩称：三个公司虽有关联，但并不混同，川交机械公司、瑞路公司不应对川交工贸公司的债务承担清偿责任。

法院裁判：一、川交工贸公司于判决生效后10日内向徐工机械公司支付货款10,511,710.71元及逾期付款利息；二、川交机械公司、瑞路公司对川交工贸公司的上述债务承担连带清偿责任。江苏省高级人民法院于2011年10月19日作出（2011）苏商终字第0107号民事判决予以维持。

法院生效裁判认为，川交工贸公司与川交机械公司、瑞路公司人格混同。一是三个公司人员混同。三个公司的经理、财务负责人、出纳会计、工商手续经办人均相同，其他管理人员亦存在交叉任职的情形，川交工贸公司的人事任免存在由川交机械公司决定的情形。二是三个公司业务混同。三个公司实际经营中均涉及工程机械相关业务，经销过程中存在共用销售手册、经销协议的情形；对外进行宣传时信息混同。三是三个公司财务混同。三个公司使用共同账户，以王永礼的签字作为具体用款依据，对其中的资金及支配无法证明已作区分；三个公司与徐工机械公司之间的债权债务、业绩、账务及返利均计算在川交工贸公司名下。因此，三个公司之间表征人格的因素（人员、业务、财务等）高度混同，导致各自财产无法区分，已丧失独立人格，构成人格混同。

启示：公司的独立财产是公司独立承担责任的物质保证，公司的独立人格也突出地表现在财产的独立上。只有在财产分离的情况下，公司才能以自己的财产独立地对其债务负责。当关联公司的财产无法区分，丧失独立人格时，就丧失了独立承担责任的基础。故在关联公司的人格混同情况下，互相承担连带责任是必然的。如在欠缴税款的情况下，各关联股东的连带责任更势不可免。

公司人格独立、股东承担有限责任是基本原则，而公司法人人格否认原则是一种例外适用原则。维护公司法人独立地位是公司法的主要价值取向，只有在公司独立人格和股东有限责任原则被滥用，并严重损害债权人利益时，才能为保护债权人利益而例外地适用。

第十六章 风险分析及实践应用——经营中的涉税刑事风险

在自然人股东专题里，本书第九章中列举了股东在经营中可能涉及的税收相关罪名及处罚情况，本章不再一一列举。本章与第九章在自然人股东承担刑事责任方面内容有交叉。

根据《中华人民共和国刑法》相关规定，针对一些单位犯罪，除对单位进行处罚外，还要追究“直接负责的主管人员和其他直接责任人”的刑事责任。直接负责的主管人员是在单位实施的犯罪中起决定、批准、授意、纵容、指挥等作用的人员，一般是单位的主管负责人，包括法定代表人；其他直接责任人员是指在单位犯罪中具体实施犯罪并起较大作用的人员，既可以是单位的经营管理人员，也可以是单位的职工，包括聘任、雇用的人员。故司法实践中，法定代表人或者董监高等人员承担单位犯罪刑事责任的可能性较大。刑法中，对有些罪采用了双罚制，就是既对单位判处罚金，又对直接负责的主管人员和其他直接责任人员定罪量刑。

作为法人单位股东来说，其指派的董事、监事、高级管理人员将作为直接负责的主管人员承担刑事责任。

刑法第六十七条第一款规定：犯罪以后自动投案，如实供述自己的罪行的，是自首。对于自首的犯罪分子，可以从轻或者减轻处罚。其中，犯罪较轻的，可以免除处罚。第七十三条第二款有期徒刑的缓刑考验期限为原判刑期以上五年以下，但是不能少于一年。缓刑考验期限，从判决确定之日起计算。

刑事诉讼法第十五条规定：犯罪嫌疑人、被告人自愿如实供述自己的罪行，承认指控的犯罪事实愿意接受处罚的，可以依法从宽处理。

案例1：自2011年4月25日起，南通市通州区国家税务局（以下简称通州国税局）按照上级部门的要求和步骤，开展由江苏省国税局集中选案的重点税源企业2007年至2009年度增值税、消费税、企业所得税的税收检查工作。2011年6月通州国税局向江苏格雷特起重机械有限公司（以下简称格雷特公司）调取了相关账簿、凭证以及其他有关纳税资料。经委托鉴定、查询及调查核实，查明格雷特公司取得的收款方为南通市航海金属构件厂的3张发票系案外人翁海峰委托他人开具实为南通百缘人力资源有限公司领购的发票；收款方为通州区旺发建筑安装工程有限公司的2张发票系案外人范建军委托他人代开的假发票；收款方为南通旭东劳务服务部的2张发票系案外人邱霞委托他人非法代开；收款方为通州区虹业劳务技术有限公司的14张发票系案外人薛素娴、於志林等人委托他人代开的假发票；收款人为南京固延建筑工程有限公司的两张发票系案外人姜志光、姜年平等人开具的假发票。上述发票均属于《发票管理办法实施细则》规定的不符合规定的发票，且发票所计金额1，1404，381.10元均已结转成本。

2011年8月11日，南通市通州区国家税务局稽查局对格雷特公司作出了限期责令改正通知书。格雷特公司不服提起行政诉讼，未获法院支持。2011年12月12日，通州国税局作出通州国税处〔2011〕170号税务处理决定书，调增格雷特公司应纳税所得额11，404，381.10元，补缴企业所得税2，851，095.28元，并从滞纳之日起依法计算加收滞纳金。格雷特公司不服提起行政复议，南通市国家税务局复议维持该税务处理决定。格雷特公司仍不服，向江苏省南通市通州区人民法院起诉，要求撤销被诉税务处理决定。

雷特公司诉称：原告与相关单位发生的业务真实，财务所列支成本客观存在，原告是在不知情的情形下取得了不符合规定的发票，并未因此减少应纳税所得额。被告对原告调增应纳税所得额，并要求原告补缴企业所得税及滞纳金的决定没有法律依据，请求法院撤销被诉税务处理决定书。

通州国税局辩称：格雷特公司系与翁海峰等个人发生业

务关系，其财务账册中存在不符合规定的发票事实清楚。格雷特公司将不符合规定的发票作为税前扣除凭据，不符合税收法律、法规及规范性文件的规定，被告据此作出调增应纳税所得额并补缴企业所得税的行政处理决定，事实清楚、证据确凿、定性准确。

本案中，原告江苏格雷特起重机械有限公司形式上是与单位签订合同并发生业务往来，实质是由数位自然人借用单位名义与原告签订合同，所取得的发票也分别是伪造的发票、委托他人代开的发票及与系统信息不符的发票，并以此作为税前扣除的凭证，明显属于形式合法、实质违法的避税行为。南通市通州区国家税务局依实质课税主义原则，适用税收征收管理法第十九条、发票管理办法第二十二条有关“纳税人、扣缴义务人应根据合法、有效凭证记账，不符合规定的发票，不得作为财务报销凭证”的规定，认定原告的发票不能真实反映其关联业务的往来情况，不是合法、有效的记账凭证，不能作为企业抵扣成本支出的有效凭证，进而依票据所涉抵扣金额追缴原告的企业所得税，定性准确，裁量适当。

启示：实质课税原则，是指在对税法加以解释和适用时，不拘泥于税法法条的形式约束，如果出现形式和实质不一致时，应该根据实质进行判断，以实际情况作为课税的基础。当今社会，大量形式上合法、实质上违法的避税行为的存在，使得强调灵活运用税法原则的要求变得十分强烈。税法已无法完全从单一立场理解社会生活中多种多样、复杂多变的经济行为，必须具有自身不同的理解角度，才能确保对税源的准确把握，从而课以合理的税负。实质课税原则作为税法的一个重要原则，强调透过条文的形式，发现其中蕴含的税法真正目的和价值，从而弥补因税法条文过于抽象而无法解决的复杂多样的税收问题。

形式上是对公司课税，最终的承担者还是其法人单位股东。

案例2：宏景、连城县福田矿业工贸有限公司、俞荣华逃税罪一审刑事判决书（2020）闽0825刑初101号

公诉机关指控，2009年8月27日，被告人罗宏景、俞荣华以3,380,000.00元的价格购买连城县福田矿业工贸有限公司（以下简称福田矿业公司），罗宏景占15%股份，担任公司公法定代表人，俞荣华占85%股份。被告人罗宏景、俞荣华受让福田矿业公司后，26号线矿点由罗某1与福田公司共同经营，双方约定扣除生产成本费用后，利润五五分成。被告人俞荣华作为公司大股东委派王某1等人负责福田矿业公司的日常管理。福田矿业公司与罗某1共同经营期间，福田矿业公司所得由俞荣华控制。

2014年初，福田矿业公司实际将16号线矿点承包给谢某和被告人罗宏景经营，约定16号线生产成本及税费由承

包人负担。

2013 年至 2014 年间，福田矿业公司逃税数额如下：

（一）福田矿业公司 2013 年度隐瞒含税销售收入人民币 1,081,340.00 元（以下币种相同），造成偷逃增值税 157,117.78 元、企业所得税 51,779.86 元、城市建设附加税 11,366.57 元、资源税 34,126.66 元、印花税 287.64 元，累计逃避缴纳税款数额 254,678.51 元，逃避缴纳税款金额占应纳税额的 74.55%。

（二）福田矿业公司 2014 年 1 月 1 日至 2014 年 10 月 31 日经营期间隐瞒、不申报含税销售收入 1,486,850.00 元，造成偷逃增值税 216,038.03 元、企业所得税 63,540.60 元、城市建设附加税 10,801.90 元、资源税 51,518.08 元、印花税 266.87 元，累计逃避缴纳税款 342,165.48 元，逃避缴纳的税款占应纳税额的 100%。

其中，2014 年 1—10 月，26 号线罗某 1 与福田矿业共同生产经营期间，隐瞒含税销售收入 1,135,655 元，造成偷逃增值税 165,009.70 元、偷逃企业所得税 48,532.27 元、城市建设附加税 8,250.48 元、资源税 34,228.48 元、印花税 203.83 元，逃避缴纳税款 256,224.76 元。

2014 年 1—10 月，16 号线罗宏景与谢某等人承包经营期间，隐瞒含税销售收入 351,195 元，造成偷逃增值税 51,028.33 元；偷逃企业所得税 15,008.33 元、城市建设附加税 2,551.42 元、资源税 17,289.6 元、印花税 63.04 元，逃避缴纳税款 85,940.72 元。

福田矿业公司 2013 年、2014 年度共计逃避缴纳税款 596,843.99 元。其中 26 号线逃避缴纳税款 510,903.27 元，16 号线逃避缴纳税款 85,940.72 元。

2015 年 8 月 20 日，连城县国家税务局对连城县福田矿业工贸有限公司作出税务处理决定书及税务行政处罚决定书；2016 年 7 月 5 日，连城县地方税务局稽查局对连城县福田矿业工贸有限公司作出税务处理决定书及税务行政处罚决定书。上述税务处理决定书及税务行政处罚决定书均由福田矿业公司的法定代表人罗宏景签收，后告知俞荣华。罗宏景、俞荣华在知悉上述文书后，未申请行政复议。在连城县公安局刑事立案前未接受行政处罚。

2016 年 5 月 16 日，被告人俞荣华补缴 2013 年度增值税 157,117.78 元、企业所得税 51,779.86 元、滞纳金 90,183.79 元，合计 300,000 元；2019 年 12 月 20 日，被告人俞荣华向连城县公安局退缴税款 240,000 元；2019 年 12 月 20 日，被告人罗宏景向连城县公安局退缴税款 100,000 元。2018 年 9 月 26 日，被告人罗宏景、俞荣华到连城县公安局经济犯罪侦查大队投案，到案后如实供述自己的罪行。

法院对上述事实查明确认，认为被告单位连城县福田矿业工贸有限公司采取欺骗、隐瞒手段进行虚假纳税申报和不申报，逃避缴纳税款596,843.99元，数额较大且占应纳税额的百分之十以上，其行为已构成逃税罪；被告人罗宏景作为公司法人代表且是16号线矿点逃避缴纳税款85,940.72元的直接负责的主管人员，其行为已构成逃税罪；被告人俞荣华作为公司大股东且是26号线逃避缴纳税款510,903.27元的直接负责的主管人员，其行为已构成逃税罪。公诉机关指控的事实和罪名成立。

法院判决如下：

一、被告连城县福田矿业工贸有限公司犯单位逃税罪，判处罚金人民币二十万元；（罚金在判决生效后三个月内缴纳。）

二、被告人俞荣华犯逃税罪，判处有期徒刑一年九个月，缓刑二年，并处罚金人民币一万五千元（已预缴）；（缓刑考验期，从判决确定之日起计算。）

三、被告人罗宏景犯逃税罪，判处有期徒刑八个月，缓刑一年，并处罚金人民币五千元（已预缴）；

四、对被告人俞荣华退缴税款人民币240,000元、被告人罗宏景退缴税款人民币100,000元予以追缴，由连城县公安局依法上缴国库；继续向被告单位连城县福田矿业工贸有限公司追缴尚欠税款人民币47,946.35元，依法上缴国库。

启示：法院在此案中的判决采用了双罚制，既对单位福田矿业判处了罚金，又对两股东判处了刑罚及罚金。本案中，两股东作为犯罪嫌疑人、被告人有自首情节，且自愿如实供述自己的罪行，承认指控的犯罪事实愿意接受处罚，争取到了从宽处理，被判了缓刑。

案例3：龙山嘉美房地产开发有限公司等逃避追缴欠税案(2017)湘3130刑初155号

龙山县人民检察院指控，被告单位龙山嘉美房地产开发有限公司注册成立于2009年，现公司法定代表人为刘某某。2013年7月起，该公司在龙山县民安街道办事处黄鹤路开发“典雅·龙领国际”房地产项目。经查，2013年至2016年，该公司向重庆典雅房地产开发集团有限公司及朗图、双东、成福、憬辉、翼美贸易公司、龙山典雅房地产开发有限公司等单位及个人转出资金3.11亿余元，上述公司转入该公司资金1.12亿余元，转出资金净额1.98亿余元。经荆州博信司法会计司法鉴定所专项审计，案发时该公司欠缴税款共计1296.898628万元。经税务机关采取多项措施依法追缴欠缴税款，该公司仍然没有缴纳。故该公司及其法定代表人刘某某均构成涉嫌逃避追缴欠税罪。经龙山县公安局追缴，2016年12月23日，该公司缴纳税款及滞纳金199.992813万元，2017年2月13日，该公司缴纳税款及滞纳金199.999997万元。案发后被告人刘某某被龙山县公安局抓获归案。对被告单位和其法定代表人刘某某应按《中华人民共和国刑法》

第二百零三条和第二百一十一条之规定追究刑事责任。

两被告对公诉机关指控的犯罪事实和罪名均无异议。因在案件审理期间，被告单位原欠缴税款已追缴入库，两被告均要求从轻判处。

龙山县人民法院经审理查明，被告单位龙山嘉美房地产开发有限公司注册成立于2009年，原法定代表人为王某某。2013年5月，王某某、向培术（公司另一股东）将本人持有的该公司股权转让给重庆典雅房地产开发集团有限公司的股东张宜生、张某，公司法定代表人变更为刘某某。同年7月，该公司在龙山县民安街道办事处黄鹤路开发“典雅·龙领国际”房地产项目。2014年12月至2015年4月，张宜生又担任该公司法定代表人。2015年4月，该公司法定代表人再次变更为刘某某。同年5月，该公司开发的龙山“典雅·龙领国际”房地产项目开始预售商品房和门面。至2016年8月，该公司通过该开发项目共实现营业收入5.58432346亿元。经查，2013年6月至2016年，该公司多次向重庆典雅房地产开发集团有限公司及朗图、双东、成福、憬辉、翼美贸易公司、龙山典雅房地产开发有限公司等单位及个人转出资金3.11亿余元，上述相关公司共转入该公司资金1.12亿余元，转移资金净额1.98亿余元。经司法鉴定所专项审计，该公司欠缴营业税1222.827894万元，欠缴城建税61.141394万元，欠缴印花税12.92934万元。三项共计欠缴税款 1296.898628 万元。

2016 年 11 月 23 日，被告人——法定代表人刘某某被公安机关抓获归案。经龙山县公安局立案追缴，2016 年 12 月 23 日，该公司缴纳税款及滞纳金 199.992813 万元，2017 年 2 月 13 日，该公司缴纳税款及滞纳金 199.999997 万元。2017 年 12 月 22 日，经本院依法强制拍卖该公司资产，追缴该公司欠缴税款 1300 万元，均由龙山县地方税务局上缴国库。因处置资产所得资金不足，该公司欠缴税款产生的罚款及滞纳金无法追回。

法院经审理认为，被告单位龙山嘉美房地产开发有限公司严重违反国家税收征管法规定，欠缴应缴税款，并多次故意采取转移资金等手段逃避缴税，致使税务机关无法追缴欠缴税款数额达 1296.898628 万元，其行为已构成逃避追缴欠税罪。被告人刘某某作为被告单位的法定代表人，是该单位逃避追缴欠税的直接责任人员，依法应负刑事责任，其行为同时构成逃避追缴欠税罪。本案是单位犯罪案件，被告人刘某某在单位犯罪中所起作用较小，被告单位已通过法院处置资产足额补缴了本案欠税款，挽回了国家税收损失，危害性较小。

最终法院判决如下：

一、被告单位龙山嘉美房地产开发有限公司犯逃避追缴欠税罪，判处罚金 3000 万元；（罚金限判决生效后十日内

向本院缴纳）

二、被告人刘某某犯逃避追缴欠税罪，判处有期徒刑三年，缓刑三年，并处罚金 1300 万元。（缓刑考验期从判决确定之日起计算，罚金限判决生效后十日内向本院缴纳）

启示：因本案是单位犯罪案件，依法应采取双罚制，对单位适用罚金，对负有直接责任的法定代表人刘某某判处刑罚。因为通过法院处置资产 1300 万，已足额追缴了单位所欠缴税款 1296.898628 万元，挽回了国家税收损失，社会危害性较小，故对法定代表人刘某某从轻处罚，判处缓刑。

虽然龙山嘉美地产公司所欠1300万主体税款已经追回，但欠缴税款产生的罚款及滞纳金没有追回，因此法院还对单位判处罚金 3000 万元，对法定代表人判处罚金 1300 万元，此项判决是比较严厉的。

纵使罚款及滞纳金可以追加，双处的罚金也不可免，因为龙山嘉美地产公司及其法定代表人逃避追缴欠税罪侵犯的是国家的税收管理制度，而不仅仅是国家流失了罚款及滞纳金。

第三专题
隐名股东与显名股东的税收法律风险分析

第十七章 隐名股东与显名股东的税务问题

隐名股东是一个通俗说法，是相对于显名股东而言的，即非实际出资人，仅为工商登记中的股东，司法实践中也称为“名义股东”。这种股权代持又称委托持股、隐名投资或假名出资，是指实际出资人与他人约定，以他人名义代实际出资人履行股东权利义务的一种股权或股份处置方式。实践中，因为代持的隐蔽性，深得交易架构筹划者的青睐，不少投资者出于节税或因其他各种原因，在对一些特殊项目投资时，会采取股权代持的方式。

很多人对这种代持股的税收问题、税收风险不甚了解，官方也没有发布明确的高位阶的税收政策。直到 2020 年 9 月，厦门税务局的一份复函首次公开回应了股权代持的所得税问题。

《国家税务总局厦门市税务局关于市十三届政协四次会议第 1112 号提案办理情况答复的函》（厦税函〔2020〕125 号）

（一）关于显名股东纳税义务的认定

根据《中华人民共和国税收征收管理法实施细则》第三

条第二款规定："纳税人应当依照税收法律、行政法规的规定履行纳税义务；其签订的合同、协议等与税收法律、行政法规相抵触的，一律无效。"显名股东作为登记在股东名册上的股东，可以依股东名册主张行使股东权利，依据《中华人民共和国企业所得税法》《中华人民共和国个人所得税法》，是符合税法规定的转让股权和取得投资收益的纳税人，其取得股息红利所得、股权转让所得，应当依法履行纳税义务。

《公司注册资本登记管理规定》（国家市场监督管理总局令第 64 号）第八条"股东或者发起人必须以自己的名义出资"，明确了行政管理的方式是要求股东以自己的名义出资。而最高人民法院关于适用《中华人民共和国公司法》若干问题的规定（三）第二十五条的相关规定，仅说明人民法院认可代持合同具有法律效力，规范的是代持当事人内部的民事法律关系，不属于对《公司注册资本登记管理规定》中关于股东出资规定的调整或变化。

（二）关于隐名股东纳税义务的认定

1. 隐名股东为自然人的情形

《中华人民共和国个人所得税法》第二条，明确了应当缴纳个人所得税的九种所得，显名股东将取得的税后股息红利所得、股权转让所得，转付给隐名股东（自然人），不属于法律规定应当缴纳个人所得税的所得。

2. 隐名股东为企业的情形

《中华人民共和国企业所得税法》第六条规定，企业以货币形式和非货币形式从各种来源取得的收入，为收入总额，包括其他收入；第七条、第二十六条，分别列明了法定的不征税收入和免税收入。据此，隐名股东（企业）从显名股东取得基于代持合同关系产生的所得，不属于法定的不征税收入和免税收入，应当按照企业所得税法规定缴纳企业所得税。

（三）其他

关于显名股东（企业）取得股息红利后，转付给隐名股东（企业），隐名股东（企业）是否能够适用“符合条件的居民企业之间的股息、红利等权益性投资收益为免税收入”的问题，由于隐名股东（企业）和显名股东（企业）之间并未构成股权投资关系，隐名股东（企业）从显名股东（企业）取得的收入不符合股息、红利所得的定义，税法也未规定可以“穿透”作为隐名股东（企业）取得权益性投资收益对其免税。

在这份答复中，厦门税务局明确了三个问题：

1. 税法明确的纳税义务仅针对显名股东。显名股东作为公司登记在册的股东，可以行使股东权利，应当依照税收法律、行政法规的规定履行纳税义务。人民法院认可的代持合同规范的是代持当事人内部的民事法律关系，不属于对股东出资规定的调整或变化。

2. 不同身份隐名股东的纳税义务不同。隐名股东为自然人时，其取得显名股东转付的税后股息红利、股权转让所得，不属于《个人所得税法》明确的九种所得，无须缴纳个人所得税；隐名股东为法人时，其基于股权代持关系取得的所得，不属于不征税收入或免税收入，应按规定计征企业所得税。

3. 法人代持关系下取得的收入不适用免税。在显名股东和隐名股东均为法人的情况下，显名股东取得被投资企业分配的股息红利，并向隐名股东转付，由于隐名股东与显名股东间不存在股权投资关系，且权益性投资免税的政策不能穿透适用，因此，隐名股东需要就取得的股息红利缴纳企业所得税。

具体可分为以下四种情况：

一、显名股东（代持人）为自然人，隐名股东为自然人时

显名股东从被投资企业取得股息红利、股权转让所得，已按20%的税率缴纳过个人所得税，故再向隐名股东转付时，不属于《个人所得税法》明确的九种所得，无须缴纳个人所得税。此种情况下，只缴纳了一道个人所得税，没有重复纳税。

二、显名股东（代持人）为自然人，隐名股东为法人单

位时

显名股东从被投资企业取得股息红利、股权转让所得，已按 20% 的税率缴纳过个人所得税，但向隐名的法人单位支付时，隐名的此项收入不属于不征税收入或免税收入，应按规定计征企业所得税。就是说此种情况下，一个代持的投资行为导致了重复纳税，缴纳了两道税，第一道是代持时的个人所得税，第二道是收益回笼时的企业所得税。

三、显名股东为法人单位，隐名股东也为法人单位时

显名股东从被投资企业取得股息红利所得属于不征税收入，免企业所得税，其向隐名股东转付时，由于隐名股东与显名股东间不存在股权投资关系，且权益性投资免税的政策不能穿透适用，因此，隐名股东需要就取得的股息红利缴纳企业所得税。

显名股东从被投资企业取得股权转让所得，应按财产转让收入，依法缴纳企业所得税，在其向隐名股东转付时，隐名股东取得的所得，不属于不征税收入或免税收入，还需按规定缴纳企业所得税。此种情况下，重复缴了两次企业所得税。

四、显名股东为法人单位，隐名股东为自然人时

显名股东从被投资企业取得股息红利所得属于不征税收入，免企业所得税，在其向隐名股东转付时，作为自然人的隐名股东的所得不属于《个人所得税法》明确的九种所得，

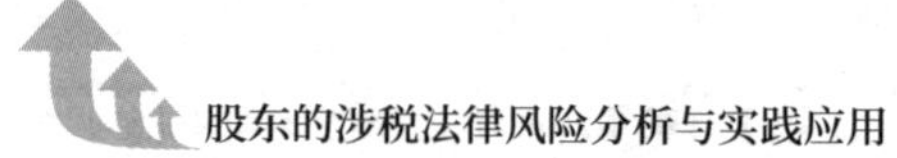

无须缴纳个人所得税。即企业所得税免了，个人所得税也不需缴纳，此种情况无税，为最佳方案。

显名股东从被投资企业取得股权转让所得，应按财产转让收入，依法缴纳企业所得税，在其向隐名股东转付时，作为自然人的隐名股东的所得不属于《个人所得税法》明确的九种所得，无须缴纳个人所得税。

具体如表 17-1 所示：

表 17-1

<table>
<tr><th rowspan="2">情况</th><th rowspan="2">所得种类</th><th colspan="2">显名股东</th><th colspan="2">隐名股东</th><th rowspan="2">纳税情况</th></tr>
<tr><th>身份</th><th>纳税情况</th><th>身份</th><th>纳税情况</th></tr>
<tr><td rowspan="2">情况一</td><td>股息、红利</td><td rowspan="2">自然人</td><td>个人所得税</td><td rowspan="2">自然人</td><td rowspan="2">不需纳税</td><td rowspan="2">一道个人所得税</td></tr>
<tr><td>股权转让收入</td><td>个人所得税</td></tr>
<tr><td rowspan="2">情况二</td><td>股息、红利</td><td rowspan="2">自然人</td><td>个人所得税</td><td rowspan="2">法人</td><td rowspan="2">企业所得税</td><td rowspan="2">重复征税（个税+企业所得税）</td></tr>
<tr><td>股权转让收入</td><td>个人所得税</td></tr>
<tr><td rowspan="2">情况三</td><td>股息、红利</td><td rowspan="2">法人</td><td>免税</td><td rowspan="2">法人</td><td rowspan="2">企业所得税</td><td>一道企业所得税</td></tr>
<tr><td>股权转让收入</td><td>企业所得税</td><td>重复征税（两道企业所得税）</td></tr>
<tr><td rowspan="2">情况四</td><td>股息、红利</td><td rowspan="2">法人</td><td>免税</td><td rowspan="2">自然人</td><td rowspan="2">不需纳税</td><td>最佳方案</td></tr>
<tr><td>股权转让收入</td><td>企业所得税</td><td>一道企业所得税</td></tr>
</table>

第十八章 隐名股东与显名股东的其他法律问题

上一章具体分析了隐名股东与显名股东在四种情况下的税收问题。司法实践中有很多隐名股东与公司的纠纷、隐名股东与显名股东的纠纷，本章对此进行说明并举以实例。

一、相关法律政策规定

最高人民法院关于适用《中华人民共和国公司法》若干问题的规定（三）(2020 修正）

第二十四条，有限责任公司的实际出资人与名义出资人订立合同，约定由实际出资人出资并享有投资权益，以名义出资人为名义股东，实际出资人与名义股东对该合同效力发生争议的，如无法律规定的无效情形，人民法院应当认定该合同有效。

前款规定的实际出资人与名义股东因投资权益的归属发生争议，实际出资人以其实际履行了出资义务为由向名义股东主张权利的，人民法院应予支持。名义股东以公司股东名册记载、公司登记机关登记为由否认实际出资人权利的，人民法院不予支持。

实际出资人未经公司其他股东半数以上同意，请求公司变更股东、签发出资证明书、记载于股东名册、记载于公司章程并办理公司登记机关登记的，人民法院不予支持。

第二十五条，名义股东将登记于其名下的股权转让、质押或者以其他方式处分，实际出资人以其对于股权享有实际权利为由，请求认定处分股权行为无效的，人民法院可以参照民法典第三百一十一条的规定处理。

名义股东处分股权造成实际出资人损失，实际出资人请求名义股东承担赔偿责任的，人民法院应予支持。

第二十六条，公司债权人以登记于公司登记机关的股东未履行出资义务为由，请求其对公司债务不能清偿的部分在未出资本息范围内承担补充赔偿责任，股东以其仅为名义股东而非实际出资人为由进行抗辩的，人民法院不予支持。

名义股东根据前款规定承担赔偿责任后，向实际出资人追偿的，人民法院应予支持。

第二十七条，股权转让后尚未向公司登记机关办理变更登记，原股东将仍登记于其名下的股权转让、质押或者以其他方式处分，受让股东以其对于股权享有实际权利为由，请求认定处分股权行为无效的，人民法院可以参照民法典第三百一十一条的规定处理。

原股东处分股权造成受让股东损失，受让股东请求原股东承担赔偿责任、对于未及时办理变更登记有过错的董事、高级管理人员或者实际控制人承担相应责任的，人民法院应予支持；受让股东对于未及时办理变更登记也有过错的，可以适当减轻上述董事、高级管理人员或者实际控制人的责任。

第二十八条，冒用他人名义出资并将该他人作为股东在公司登记机关登记的，冒名登记行为人应当承担相应责任；公司、其他股东或者公司债权人以未履行出资义务为由，请求被冒名登记为股东的承担补足出资责任或者对公司债务不能清偿部分的赔偿责任的，人民法院不予支持。

最高人民法院《关于审理公司纠纷案件若干问题的规定》对此做出了必要补充。其第十七条规定："记载于有限责任公司股东名册的公司股东向公司主张股东权利，公司无相反证据证明其请求无理的，人民法院应予支持。有限责任公司未置备股东名册，或者因股东名册登记管理不规范，未及时将出资人或者受让人记载于股东名册，但以其他形式认可出资人或者受让人股东身份的，出资人或者受让人可以依照前款向公司主张权利。"

其根据在于最高人民法院《关于审理公司纠纷案件若干问题的规定》第十五条、第十八条，即"有限责任公司出资人履行出资义务或者股权受让人受让股权之后，公司未向其签发出资证明书或者未将其记载于公司股东名册的，股东可以向人民法院提起诉讼，请求公司履行签发记载义务。”“有限责任公司应当根据公司登记条例将出资人或者股权受让人作为公司股东向公司登记机关申请登记或者变更登记。公司不予申请登记的，出资人或者受让人可以向人民法院提起诉讼，主张其享有公司股权并请求公司履行登记义务。股东向公司主张权利，公司仅以其未在公司登记机关办理股东登记抗辩的，人民法院对其抗辩不予支持。”

二、案例分析

案例1：B公司和张某开办了一家有限责任公司，但经营一直不景气。一年后，两人邀请韩某携资50万元入股。为省麻烦，三人没有到工商行政管理部门办理股东变更登记手续，也未在公司原始章程上签名，只是出具了一张加盖了公司财务专用章、注明是投资款收条。此后，韩某参与了公司的经营管理，并领取了利润。三年后，由于公司的效益大增，B公司和张某遂提出韩某交的是借款，要将款还给韩某，并要求韩某退出公司。韩某不同意，彼此发生争执，韩某便诉请要求法院确认其股东资格。

首先，工商行政管理机关的登记不是认定股东资格的最终或唯一依据。公司中的隐名投资是指一方实际出资，但公司章程、股东名册或其他工商登记材料记载的投资人却为他人的法律现象。其中实际出资人为隐名股东，公司章程等材料中记载的股东为显名股东。尽管国务院《公司登记管理条例》中规定，公司有重大事项发生变更的，应当向工商行政管理机关申请变更登记，且增加股东、增加公司的注册资本，均属于公司的重大事项发生变更之列。即第三人入股，属于公司股东的内部行为，股东之间应当依据公司法的有关规定，变更公司章程、股东名册、签署出资证明书、变更股东登记等。但是，由于该规定在立法上落后于经济的发展，本案中，韩某即属于“未及时将出资人或者受让人记载于股东名册”的情形。同时，韩某的身份有“其他形式认可”：加盖了公司财务专用账收条、收条载明该款系投资款且有数额、已实际参与公司的经营管理并领取工资还分配了利润。

其次，韩某应当享有股东的权利，承担股东的义务。一方面，公司的全部股东即B公司和张某明知实际出资人韩某的出资，且当时韩某的目的是要成为公司的股东，B公司和张某同样要求韩某成为公司的股东，彼此的意思表示是真实、一致的，事后公司也已经认可以其以股东身份行使权利，可以认定实际出资人韩某对公司享有股权；另一方面，在我国，权利与义务是一致的。既然韩某对公司享有股权，那么也必须承担股东的义务。如果在公司出现倒闭或破产时，应与其他股东一起对公司的资产承担清算责任。当然假如“隐名股东”故意规避《公司法》、行政管理规定，转嫁风险于他人，也同样必须承担对应的民事责任。

再次，韩某有权通过诉讼确认其股东身份并依法予以登记。

启示：工商行政管理机关的登记不是认定股东资格的唯一依据，缴纳了出资款，共同出资的股东意思表示真实、一致，且以股东身份行使过权利的，可以认定其股东资格。

没有无权利的义务，也没有无义务的权利。隐名股东享有股东权利，也承担股东的义务，既可享受收益分红，也应分担亏损，权利与义务是一致的。

案例2：姚某芸诉信联公司、赵某股东名册记载纠纷案——香港隐名股东身份的认定

香港居民姚某芸、黄某强系夫妻关系，二人签订协议，约定2018年7月20日前，黄某强应将其作为隐名股东、委托内地居民赵某无偿代持的广州信联智通实业股份有限公司（以下简称信联公司）400万股股权转让给第三人，所得款项归属于姚某芸；若在2018年7月20日前未办妥的，则上述股权归属于姚某芸。后黄某强未按照协议履行，姚某芸提起另案诉讼，生效判决确认登记在赵某名下的信联公司400万股的股份归姚某芸个人所有。因信联公司拒绝承认姚某芸的股东身份，姚某芸提起本案诉讼，要求信联公司将上述400万股权记载于信联公司的公司章程及股东名册上，协助办理工商变更登记，赵某予以配合。

广东自由贸易区南沙片区人民法院一审认为，黄某强与赵某签订的代持股协议是双方真实意思表示，不违背法律法规的强制性规定，信联公司亦非外资限制准入企业，应确认黄某强作为信联公司隐名股东的资格。信联公司于2011年由有限责任公司转为股份有限公司，股份转让无须由其他股东过半数同意，可自由转让。黄某强通过签订协议的形式将股权转让给姚某芸后，作为隐名股东的姚某芸要求显名于法有据，故判决信联公司协助办理股东工商变更登记，将登记在赵某名下的400万股变更登记在姚某芸名下，并将姚某芸的姓名及住所记载于公司股东名册，赵某予以配合。广州市中级人民法院二审驳回上诉，维持原判。

启示：法院支持隐名股东要求显名的主张，维护投资人合法权益。

案例3：沈某芬等诉深圳某五金塑胶有限公司公司解散纠纷案——隐名股东不能提起公司解散之诉（2015）深前法涉外民初字第73号

依照公司法及司法解释的规定，有权提起公司解散诉讼的主体是公司股东；根据我国法理通说，这些规定中的股东的内涵是指登记在股东名册上的股东。隐名股东没有登记在公司股东名册上，故不能提起公司解散之诉。

隐名股东显名化属于内部纠纷还是外部纠纷？应当遵循

什么样的思路来处理？笔者认为，这种纠纷实际上介于内外之间，因为这已超出了隐名股东和显名股东之间的小范围，且涉及另一个利益主体即作为拟制法人的公司，股东显名化的过程实际上也是股东名册、公司章程中有关股东名字变更的过程，这个过程必须在公司这个平台上进行，也必须以公司的名义进行。但公司毕竟只是个拟制人格，任何重大决策都必须经过股东会决议，所以隐名股东要显名化，其他股东的表态是至关重要的。与资合性较强的股份公司不同，有限责任公司更注重人合性，人合性的要求就是各股东之间要建立一种互相了解、友好信任的关系，否则将对公司的日常运营产生巨大障碍。在股东隐名的情况下，除与该隐名股东相对应的显名股东外，公司的其他股东并不见得知晓隐名股东的存在，他所认同的合作伙伴是该显名股东，如果这些股东知晓自己真正的合作伙伴是这位隐名股东，他完全有可能不允许其加入公司，或者自己不加入公司。从这点上看，这个纠纷虽然不属于外部纠纷，但是也带有外部纠纷的一些特征。隐名股东显名化的问题在性质上类似于股东向公司股东以外的人转让股权，即都是涉及有关新股东的接受，因此司法解释确定的处理思路类似于股权转让，必须得到其他过半股东的同意。但显然不同于股权转让的是，股东不同意接受这种新股东的，自然不需要购买该股权。

启示：提起解散诉讼的适格主体只能是显名股东，即登记在公司章程和股东名册上的股东，隐名股东不能提起公司解散之诉。就诉讼策略而言，如果两原告作为隐名股东，先通过公司股东会决议或者提起显名化诉讼等方式，变成显名股东后再提起解散诉讼，或许不失为一个更佳途径。可以进一步思考的是，两名原告还是香港居民，能否直接显名化登记在册，这个问题也需要思考。

案例4：外籍隐名股东要求显名的审查标准

（2020）沪01民终3024号

上海市第一中级人民法院审理此案时，在外籍隐名股东要求显名的司法审判标准上，根据外商投资法的最新精神，应将《外商投资企业纠纷规定（一）》第14条确立的三项标准变更为：1. 实际投资者已经实际投资。2. 名义股东以外的其他股东半数以上同意。3. 对外商投资负面清单内的限制准入类领域，人民法院或当事人在诉讼期间就将实际投资者变更为股东应征得外商投资企业主管机关的同意；对负面清单外的准入类领域，无须再征得外商投资企业主管机关的同意。

启示：根据外商投资法的最新精神，外籍隐名股东要求显名的，除负面清单外的准入类领域，其他领域无须再征得外商投资企业主管机关的同意。

第四专题
其他与股东相关的内容

第十九章　自然人持股与法人单位持股之比较

很多人都有一个困惑，到底是自然人持股好，还是法人单位做平台持股好。这个问题不可一概而论，而是要看投资人的主要需求，是以长期稳定发展做目标，还是在较短期内取得现金流为目标。

案例：赵某和钱某二人合资成立了一家公司，各出资200万，四年后公司壮大，共实现利润800万元，还未分红，现公司所有者权益为1000万元，公允价值为1200万元。现在两人打算把利润拿出来分红，再各自去投资别的公司，或者把股权以公允价值转让。

现评估一下两人在不同的处理方式下所交的税分别是多少：

情况1：假设两人将收益直接全部拿出来分红，甲、乙各需要缴纳20%的个人所得税80万元。但如果当初投资架构是以公司名义投资的，符合直接投资于居民企业的条件，取得的股息红利是免税所得，不需缴纳企业所得税。

情况2：假设两人把股权以公允价转让，或者分红后再转让股权，那么甲、乙各需缴纳个人所得税 80 万元（800×50%×20%）。但如果投资架构是以公司名义投资的，符合直接投资于居民企业的条件，取得的股息红利部分所得是免税的，转让股权部分需正常纳税，但本例中转让股权部分无增值，因此无税。

由此我们可以得出结论：

一、看经营公司的目标，如果仅想阶段性经营，待公司升值后即转让的话，以个人持股为优，缴完个人所得税后取得现金流。

二、看经营公司的目标，如果想让公司长远发展下去，还是选择公司持股较好，规避了个人分红需缴纳的个税，将资金留在子公司中继续运作，较适合集约化管理。

法人单位持股的优势在于以下几点：

1. 节约税金、延迟纳税

法人单位做股东如果取得分红，按照规定是免征企业所得税的，因为分配的是子公司的税后利润，已经交过企业所得税，从而可以实现法人股东将分红留在企业内部进行资金运作，实现节税的效果。

而自然人股东（境内自然人）分红必须按照股息红利所得缴纳 20% 个人所得税，因此在设立新公司的时候要考虑公司未来是否需要分红，是否愿意接受 20% 个税成本及现金流出。

除了分红之外，股权转让双方缴纳的税款也有所区别，如果是自然人，未来股权转让按照财产转让所得缴纳 20% 个人所得税，而且收购方必须代扣代缴；如果是企业持股，未来转让股权需要缴纳 25% 企业所得税，如果该公司有税率、税基及加计扣除等各种减免税的优惠，则实际税率可能小于 15%，较自然人股东 20% 的税率来说，节税明显。并且如果企业当年是亏损状态，则该项股权转让收益还可以弥补亏损，可以最大限度减少税金缴纳，甚至不需缴纳。

2. 较少的资金控制公司，实现杠杆效果

一般情况下，股东要想绝对控制公司，要持股 2/3（67%）以上。

假设：某自然人股东甲要控股一家注册资本为 100 万元的公司 A，那么他需要出资 67 万元，占股 67%。

如果该股东甲通过成立一个自己控股的公司 B 再去控股 A 公司，那么公司 B 需要出资 67 万元（注册资本 67 万元），占股 67%，而该股东甲只需要出资 45 万元（67 万元 ×67%）去控股 B 公司，就可以间接地控制公司 A。

3. 隔离风险

根据《公司法》，一般情形下，公司股东仅以出资额为限对公司承担责任。即公司股东一般只在出资范围内对公司债权人承担责任。（在股东与公司发生人格混同、股东对公司清算存在过错等特殊情形下，股东要对公司债权人承担全部责任，而不仅仅是在出资范围内。）

假设：（1）如果自然人股东甲直接持股A公司，那么A公司的债权人有可能在特殊情形下突破A公司，使得自然人承担责任。因此，风险环节涵盖自然人与A公司。

（2）如果自然人股东甲通过直接持股的B公司间接持股A公司，B公司的债权人有可能在特殊情形下突破A公司，直接请求B公司承担责任，但一般不可能再请求自然人承担责任。因此，风险环节只涵盖B公司和A公司。

因此，决定自然人持股还是法人持股时，需要综合考虑上述因素，根据自身的经营目标，全面考虑到位，避免风险。

第二十章 一人有限责任公司相关风险

一、一人有限责任公司

《中华人民共和国公司法》

第五十七条，一人有限责任公司的设立和组织机构，适用本节规定；本节没有规定的，适用本章第一节、第二节的规定。

本法所称一人有限责任公司，是指只有一个自然人股东或者一个法人股东的有限责任公司。

第五十八条，一个自然人只能投资设立一个一人有限责任公司。该一人有限责任公司不能投资设立新的一人有限责任公司。

第六十三条规定，一人有限责任公司的股东不能证明公司财产独立于股东自己的财产的，应当对公司债务承担连带责任。

案例：乙与A公司等借款合同纠纷案

甲为A公司法定代表人，A公司为甲的个人独资公司。

乙与A公司签订借款合同，A公司向乙借款200万元，乙将该款项汇至甲个人账户。A公司未按时偿还款项，乙起诉A公司偿还债务，并主张甲承担连带责任。

法院经审理认为：甲未能证明其与A公司财产相互独立，且借款合同的债务人为A公司，款项却打入甲的个人账户，因此甲与A公司存在财产混同，甲应承担连带责任。

启示：公司法对于一人公司与股东财产独立的证明责任设定了更高要求，认定一人公司股东是否就公司债务承担连带责任时，不再单纯考虑股东是否存在滥用公司法人独立地位和股东有限责任的情形，在一人公司股东不能举证证明公司财产独立于股东个人财产的情况下，即应对公司债务承担连带责任。

二、夫妻二人公司

所谓夫妻二人公司即仅由夫妻二人作为股东的有限责任公司。我国的公司法并未就夫妻设立公司设定特殊规则。但在司法实践中，夫妻为股东的公司往往被等同于一人有限责任公司来承担债务。

1. 最高人民法院的案例总结较新的观点认为：

（1）从公司资产来源角度考虑。公司股东只有2人，为夫妻关系，且公司成立于夫妻关系存续期间，注册资本来源于股东夫妻共同财产。如果对方当事人能举证证明：两位股东均实际参与了公司的管理经营，公司实际由夫妻双方共同控制。则能证明全部股权实质来源于同一财产权，并为一个所有权共同享有和支配，该股权具有利益的一致性和实质的单一性。据此认定公司系实质意义上的“一人公司”。

（2）从公司财产混同角度考虑。对于“一人公司”，公司法设置了举证责任倒置规则，股东要承担证明“公司财产独立于股东自身财产”的举证责任，股东如果不能举证证明其自身财产独立于公司财产，应承担举证不力的法律后果，从而对公司债务承担连带清偿责任。

2. 江苏法院主要考虑以下几方面：

（1）从经营职权角度考虑。夫妻股东公司虽非一人公司，但股东构成简单，法定代表人、执行董事、总经理、监事均为夫妻双方担任；公司对外签订的大量合同中签约人或委托签约人栏均由夫妻中一方签字，可见公司经营受夫妻双方影响的程度极高。

（2）从财产混同角度考虑。公司与夫妻双方个人账户具有多笔大额转账记录，存在公司财产与股东个人家庭财产混同的现象。在股东不能证明公司财产独立于股东自己的财产的情况下，应对公司债务承担连带责任。

就是说即使夫妻公司被认定为一人公司，也不必然导致股东对公司债务承担连带责任。按照最高院与江苏法院的观点，是否承担连带责任取决于经营制度的设计与财务的管理水平。

“夫妻公司”规避承担连带责任的方法：

1. 增加非亲属股东。

2. 增加股东股权比例限制及任职资格限制。

3. 日常经营中的需注意的事项：如尽量使用公章，不要用个人名字签字，转账的时候不要用私人账户，尽量使用对公账户等。

4. 从公司治理层面强化内部监督。建立健全执行公司三会治理机制，三会会议形成书面记录可查。

坚持以上管理制度，可最大限度避免因仅有夫妻二位股东而导致的连带责任承担问题。